Estratégia e Execução

Copyright © 2015 HSM do Brasil S.A. para a presente edição

Publisher: Marcio Coelho
Organização e edição: Lizandra Magon de Almeida
Produção Editorial: Pólen Editorial
Revisão: Hed Ferri
Diagramação: Carolina Palharini, Carlos Borges e Júlia Yoshino
Capa e projeto gráfico: Carolina Palharini

1º edição
Todos os direitos reservados. Nenhum trecho desta obra pode ser reproduzido — por qualquer forma ou meio, mecânico ou eletrônico, fotocópia, gravação etc. —, nem estocado ou apropriado em sistema de imagens sem a expressa autorização da HSM do Brasil.

Dados Internacionais de Catalogação na Publicação (CIP)
Angélica Ilacqua CRB-8/7057

Estratégia e Execução / Equipe editorial HSM ; organização de Lizandra Magon de Almeida. - São Paulo : HSM Editora, 2015.
112 p. (Conhecimento HSM)

ISBN: 978-85-67389-46-2

1. Administração de pessoal 2. Recursos humanos 3. Liderança I. Almeida, Lizandra Magon de

---

15-0799   CDD 658.3

Índices para catálogo sistemático:

1. Recursos humanos

Fonte dos verbetes de quarta capa:
MICHAELIS. Dicionário de Português Online. São Paulo: Melhoramentos, s/d. Acesso em jul. 2015.

Alameda Tocantins, 125 — 34º andar
Barueri-SP. 06455-020
Vendas Corporativas: (11) 4689-6494

Estratégia e Execução

Michael Porter,
Rivadávia Drummond
e outros grandes nomes

Coleção **conhecimento** hsm

A crise que abalou o mundo a partir de 2008 trouxe uma série de mudanças importantes ao cenário internacional de negócios. Na esteira da crise, o escândalo da Enron também obrigou as empresas a sair da zona de conforto no sentido de realmente adotar políticas de *compliance*.

Em paralelo, a globalização e o desenvolvimento das novas tecnologias da informação criaram paradigmas, e com isso muitas estratégias consagradas passaram a não fazer mais sentido. Questões prementes como desigualdade social e sustentabilidade foram incluídas na agenda das empresas de forma mais incisiva, trazendo novos desafios.

Diante disso, vários estudiosos começaram a rever suas teorias e postular mudanças, tentando ajudar as empresas a se adaptar à realidade que agora se impõe – e que muda a cada instante, exigindo uma flexibilidade sem precedentes do gestor.

A revista HSM Management, que sempre acompanhou de perto o pensamento internacional de gestão, vem cobrindo essas mudanças como nenhuma outra publicação brasileira, ao mesmo tempo em que contextualiza a visão de empresários brasileiros sobre os temas.

Nesta coletânea de artigos, apresentamos o que de melhor foi publicado pela revista em suas matérias originais, na segunda década do século 21, sempre com um viés prático, a fim de ajudar a traduzir os principais conceitos dos especialistas para o dia a dia das empresas.

Os dez livros da Coleção Conhecimento HSM – com temas de Liderança, Estratégia, Inovação e Tecnologia, Ética, Negociação, Sustentabilidade, Marketing, Varejo, Vendas e Empreendedorismo – certamente serão companhia indispensável ao gestor atual. Não pare por aqui, abra o livro e descubra como o mundo dos negócios pode ser mais bem entendido.

Boa leitura!

Estratégia e Execução

Sumário

Espalhando a excelência	2
Quando CEOs entrevistam Porter	10
Metas: veja o que você está fazendo errado	20
Oportunidade não é tudo	31
A vantagem competitiva chegou ao fim?	40
O varejo começa a vibrar	49
Modelos replicáveis	59
Razão de ser	68
Mudança inspirada em Paulo Freire	76
A mulher que aposta alto	85
A inevitável adesão à nuvem	93

Espalhando a excelência

por Adriana Salles Gomes, editora-chefe de HSM Management

O especialista de Stanford Robert Sutton mostra como as empresas podem fazer as boas práticas de uma pequena equipe serem adotadas por outras; não se trata de treinar, e sim de se guiar por quatro princípios.

Descrito como uma das dez estrelas das escolas de negócios pela revista *BusinessWeek*, Robert Sutton – professor de ciência da gestão da Stanford Engineering School desde 1983, codiretor do Center for Work, Technology and Organization e cofundador do Stanford Technology Ventures Program e do Stanford Design Institute (d.School) – inicia esta reflexão com o tema central de seu livro *Scaling Up Excellence*, lançado no Brasil pela HSM com o título *Potencializando a Excelência*.

Em sua análise, na maioria das empresas, há áreas muito boas em desempenho, algumas médias e outras bem ruins, e alguns líderes conseguiam transferir a eficiência de seus pequenos bolsões de excelência para outro lugar das empresas, depois para outro e para mais um. Pegando a P&G como exemplo, Sutton lembra que a empresa espalhou suas práticas de inovação da linha de produtos de limpeza Mr. Clean e foi muito eficaz em replicá-la. As pessoas da equipe Mr. Clean treinavam outras, que, por sua vez, ajudavam a disseminar as práticas em mais áreas. Não eram profissionais de treinamento, e sim gente da operação.

Mesmo com tanta gente envolvida, segundo ele, se houve mensagem distorcida foi algo que não fez diferença. "Quando uma mensagem é sobre crescimento e coisas boas, ela é transmitida com mais precisão", afirma. Segundo ele, "isso também acontece quando a mensagem propõe algo desafiador para as pessoas fazerem. A mensagem da excelência se encaixa nos dois casos".

Sutton destaca que o treinamento convencional é muito importante. "Para mim, treinar não é ruim, só não é o suficiente. Você precisa realizar o treinamento para ter certeza de que as pessoas possuam as habilidades necessárias, mas, para a excelência, deve também fazer uma espécie de 'lavagem cerebral'."

Como escalar a excelência

Em cerca de dez anos de pesquisa com empresas, Sutton diz que identificou uma série de princípios comuns que favorecem a disseminação da excelência, mas reforça que quatro deles se destacam em relação aos demais:
1. a mobilização das emoções;
2. a conexão em cascata;
3. o nível correto de burocracia; e
4. o salto de ruim a ótimo.

A ideia geral que surge da pesquisa de Sutton é que, para escalar algo bom, é preciso antes escalar comportamentos e crenças associados a isso. Sempre há, em toda boa prática, determinada maneira de pensar e sentir.

Para ilustrar, ele cita uma de suas companhias favoritas: a Pixar. Embora seus filmes sejam variados e as pessoas desempenhem funções diferentes, a Pixar tem uma maneira de pensar e sentir explicada por ele em duas máximas. A primeira delas é a de que não importa o que se faça, é preciso ter o que a empresa chama de "inquietação constante" – nada nunca está bom o suficiente para eles. A segunda máxima diz que "a qualidade é o melhor plano de negócios". "Eles acreditam que, se fizerem um trabalho bom e inspirador, o dinheiro obrigatoriamente virá."

> **Sutton destaca a filosofia da Pixar: 'A qualidade é o melhor plano de negócios'**

E essa maneira de pensar e sentir vem influindo em tudo o que os colaboradores da Pixar fazem. Não são só as pessoas diretamente envolvidas em fazer os filmes que se orgulham da qualidade do produto Pixar; os seguranças, as recepcionistas, todos os colaboradores da empresa sentem o mesmo.

Quadro 1

4 princípios para escalar a excelência

1. Mobilização de energia. Quando se dissemina uma prática excelente, disseminam-se comportamentos e crenças associados a ela. Trata-se de priorizar as emoções das pessoas e de propagar uma forma de pensar e de sentir.
2. Conexão em cascata. Quem vivencia uma prática no dia a dia é que deve transmitir essa prática às outras pessoas. Para que isso aconteça, a empresa precisa facilitar o convívio entre equipes e o compartilhamento do conhecimento necessário.
3. Nível correto de burocracia. Equipes que crescem, e que superam o número de dez pessoas, exigem burocracia para não virar uma bagunça. Por isso, até grupos que já têm excelência se arriscam a perdê-la em fases de crescimento.
4. Salto de ruim a ótimo. A mudança em direção à excelência não acontece com uma caminhada passo a passo, e sim em um salto abrupto. Uma vez que obstáculos sejam de fato removidos – como pessoas "venenosas" – chega-se lá.

"O importante", ele explica, "é que as emoções estejam despertas, sejam quais forem, mas orgulho e raiva funcionam especialmente bem." Um exemplo de raiva canalizada para espalhar a excelência é o que se vê nas empresas que produzem cervejas artesanais de alta qualidade. Os gestores usam as concorrentes de cervejas industriais como inimigas, despertando a raiva dos colaboradores para que desenvolvam e disseminem maneiras melhores de fazer cerveja.

Na verdade, essa emoção já tem de existir no colaborador; o gestor apenas a canaliza, mobilizando a energia geral. Por isso, a primeira coisa que você precisa fazer se quiser espalhar e sustentar algo bom na empresa é contratar pessoas que tenham essas emoções acentuadas, especialmente orgulho ou raiva. Isso é extremamente eficaz.

Burocracia demais é ruim

Outra empresa que Sutton estudou queria espalhar a prática da cortesia para os colaboradores tratarem melhor seus clientes. A maneira dominante de fazer isso hoje em dia em grandes companhias é dar um dia de treinamento aos colaboradores e esperar que seu comportamento mude. "Mas é inócuo", diz. E relata que essa empresa sabia disso por experiências anteriores e se concentrou em criar um bolsão real de excelência em cortesia e apoiar sua transmissão, facilitando o convívio entre áreas.

Aqui, ele pinça um dos princípios comuns que favorecem a disseminação da excelência citados acima – nível correto de burocracia –, e destaca que "burocracia demais é ruim, mas não dá para passar sem ela". Apesar do discurso geral a favor de tornar as coisas mais simples, todas as evidências indicam que precisamos de certo nível de burocracia.

"Isso vale especialmente para as empresas que crescem, porque vão contratando maior número de especialistas. Se não houver alguma burocracia, incluindo líderes, o ambiente virará uma bagunça", ensina. "Para garantir que as coisas funcionem bem", explica, "é preciso equilibrar a necessidade de manter a organização o mais leve e simples possível com uma complexidade suficiente, e isso se faz na forma de burocracia, de líderes."

Para ele, o sinal de alerta é que fica difícil manter o bom humor geral – começa a haver mal-entendidos e brigas entre as pessoas. "Equipes com mais de dez pessoas pedem atenção: tendem a precisar mais de burocracia do que as menores", afirma.

De ruim a ótimo

Para explicar melhor o conceito do "salto de ruim a ótimo" – quarto princípio que favorece a disseminação da excelência –, Sutton lança mão da afirmativa de Jim Collins, quando disse que "as empresas fazem saltos abruptos, passando de ruins diretamente a ótimas". "Ele estava certo, não há um avanço gradual entre os pontos." [Collins defende a tese no livro *Empresas Feitas para Vencer*, publicado pela editora HSM.] Com relação à excelência, Sutton destaca que uma equipe tem desempenho sofrível em determinada prática e, de repente, fica excelente naquilo. "Os líderes eliminam os obstáculos e, assim, há o salto abrupto de desempenho", analisa.

A psicologia humana explica muito disso, porque o mau comportamento – preguiça, mau humor, incompetência – é mais contagioso do que o bom. "Se você elimina o obstáculo do mau comportamento, seja demitindo pessoas 'venenosas', seja fechando operações que só sorvem atenção e dinheiro, as equipes vão de ruins a ótimas", garante.

Conexão em cascata

Apesar do salto ocorrer, o processo é demorado, especialmente a "conexão em cascata", segundo princípio que favorece a disseminação da excelência. Os gestores não têm paciência de esperar, e são impacientes por ter objetivos de curto prazo, o que demanda mais tempo e paciência do que um treinamento, de fato, explicando eventuais interrupções no processo.

Mas nem sempre é tão lento quanto se imagina. Depende do setor em que a empresa atua, do tamanho da organização, de quão rápido seus concorrentes estão se movendo. No caso da empresa Waze Mobile, Sutton diz que o processo durou seis semanas, mas com 100% do tempo dedicado; no caso da empresa de cuidados com a saúde Kaiser Permanente, demorou sete anos.

> **É mais difícil escalar excelência em países emergentes, porque geralmente há crescimento e há um número maior do que a média de obstáculos a remover**

Quando foi lançado nos Estados Unidos, o app Waze logo cresceu muito, mas não conseguia manter os clientes, por um problema de programação. Seus gestores decidiram parar tudo por seis semanas inteiras para pensar em como consertar o produto. Funcionou e, agora, o Waze é usado no país todo.

Sutton lembra que a Kaiser Permanente já havia tido uma década de fracassos em implantar a excelência na forma do sistema de prontuário eletrônico para os pacientes quando decidiu usar o processo de conexão em cascata. Começou pela unidade do Havaí, que era a menor região atendida, e, ao atingir excelência lá, foi propagando-a pelos outros estados do país, ensinando médicos e gestores por sete anos.

"Não é só a conexão em cascata que requer paciência", reforça. E cita como exemplo a mobilização de energia que o Facebook emprega com os novos engenheiros que contrata, que demora 45 dias. "Nessas seis primeiras semanas", relata, "os novatos trabalham em diversos projetos de curto prazo e fazem uma imersão na maneira de sentir e pensar do Facebook, que é a de estar sempre em movimento."

Afinal, onde é mais difícil escalar excelência? "Talvez em países emergentes", arrisca Sutton, "porque geralmente há crescimento, o que pode ser uma distração, e também porque existe um número maior do que a média de obstáculos a remover."

Ele aponta como exemplo a Bridge International Academy, rede de 260 escolas da África que ensina cinco mil crianças cobrando cerca de US$ 5 por mês de cada uma, e escala excelência o tempo todo. "É o sistema escolar mais moderno de que já ouvi falar, com o desempenho de professores e alunos monitorado de perto."

E para destacar um líder que sabe escalar excelência, cita o brasileiro Carlos Brito, CEO de AB InBev: "Ele é um mestre nisso", atesta. E finaliza: "Focado em remover obstáculos, ele escalou a excelência em termos de disciplina de gestão de modo tão impressionante, que mudou a indústria inteira."

Quadro 2

Exemplo brasileiro

O professor e pesquisador Robert "Bob" Sutton, da escola de engenharia de Stanford, vem estudando a AB InBev e outras empresas para entender como o fenômeno acontece e, entre outras descobertas, encontrou quatro princípios que o viabilizam: mobilização de energia; conexão em cascata; aproveitamento correto de líderes, burocracia e equipes; e eliminação de obstáculos.

O executivo brasileiro Carlos Brito, CEO da AB InBev, está ensinando uma lição valiosa aos gestores norte-americanos: como espalhar a excelência. Ele vem disseminando a disciplina de gestão em sua gigantesca organização de 155 mil colaboradores espalhados por 25 países não pela cartilha habitual do treinamento, mas dando-lhe escala.

O que Brito e sua equipe fazem é identificar um bolsão de práticas excelentes e providenciar para que sejam transferidas a outro ponto, então a um terceiro, a um quarto, e assim por diante.

Quando CEOs entrevistam Porter

Entrevista coordenada **por Rivadávia Alvarenga,** CEO da HSM Management, com a colaboração de **Ademir Drummond,** então professor da Fundação Dom Cabral

Empresários brasileiros questionam Michael Porter, maior autoridade mundial em estratégia, sobre as questões que mais os preocupam – incluindo o futuro do país.

Muitos brasileiros parecem crer hoje que operar em economias emergentes seja um atrativo por si só para as grandes multinacionais, devido aos custos mais baixos e mercados populosos. Isso pode ser enganoso. Pelo menos, Michael Porter, o "pai" da estratégia, costuma dizer que "a mão de obra é barata, mas a engenharia é cara; o custo de vida é baixo, mas a logística é ineficiente, porque a infraestrutura está defasada. em uma economia emergente, pode não haver custo mais baixo sob alguns aspectos".

Sem medo de ser uma voz destoante, Porter foi entrevistado por CEOs brasileiros, com organização da HSM, e se mostrou crítico em relação às perspectivas estratégicas futuras do País e pediu realismo e medidas concretas de empresas e governo em nome da competitividade. Mas, diga-se, o

❝ Começamos a enxergar novas oportunidades de criar valor econômico embutindo o fator social ❞

especialista fez questão de ressaltar a qualidade do empresariado e dos gestores nacionais. A entrevista foi coordenada por Rivadávia Alvarenga, então professor da Fundação Dom Cabral e presidente da HSM Educação Executiva.

Pedro Arraes (presidente da EMATER-GO): Qual é a vanguarda do pensamento estratégico?

Acho que nossos conceitos ganham mais importância quando a economia se torna mais global e competitiva. Uma ideia nova? A maneira de as empresas conectarem sua estratégia à sociedade. Há questões ambientais, de saúde e toda uma série de conceitos sobre os quais todos concordamos, de caráter social e ambiental, que não são aproveitados pelas empresas e deveriam ser. Começamos a enxergar novas oportunidades de criar valor econômico embutindo o fator social.

Marcos Braga (diretor da Deloitte Touche Tohmatsu): Responsabilidade social impacta mais a estratégia que as redes sociais virtuais?

Sim. Isso ainda não aconteceu, porque as ações das empresas continuam a se restringir ao apoio a várias causas sociais, doações, programas de voluntariado etc., mas acontecerá.

O que há, com a responsabilidade social, é uma oportunidade de transformação profunda para as empresas. Primeiro: os valores do cliente passaram por mudanças significativas nos últimos cinco a dez anos. Muitos clientes hoje se preocupam com o impacto ambiental. Não são só os consumidores, mas as organizações também, os clientes B2B. Elas fazem parcerias na cadeia produtiva e dizem: "Não queremos desperdiçar embalagens nem que você consuma energia demais".

Em segundo lugar, constatamos que, quando pensávamos em como gerir uma companhia fabril, tínhamos uma visão muito míope da produtividade. Por exemplo, as empresas compravam commodities de seus fornecedores de alimentos, pelo preço o mais baixo possível. A mentalidade de compras mudou. As organizações agora levam em conta a sustentabilidade ambiental das práticas agrícolas e estão preocupadas com o progresso das comunidades em que os cafeicultores moram.

O capitalismo parecia estar em uma bolha muito pequena, ignorando grande parte do lado de fora. Agora, tem de expandir essa bolha se quiser produtividade, e isso gera oportunidades de novos posicionamentos estratégicos, de novas maneiras de criar valor para o cliente. A responsabilidade social emergirá como um dos maiores impulsionadores de inovação e produtividade nos próximos 25 anos.

Clóvis Tramontina (presidente da Tramontina): E o que dizer da internet como canal de venda? Como empresas líderes e presentes em todo o varejo podem fazer a transição para um modelo misto de distribuição, explorando o e-commerce sem abalar as relações com o varejo tradicional?

Para a maioria dos negócios, varejo físico e varejo da internet são complementares, não um caso de trade-off. O canal físico é muito bom para o cliente provar o que quer, aconselhar-se com o vendedor sobre como usar o produto etc., e o da internet é muito bom por contar com oferta ilimitada – é possível ter dez mil cores na loja virtual – e prover vídeos de informação e depoimentos sobre os produtos.

A principal questão é se ver como empresa que tem uma estratégia em que os dois modelos de distribuição estão integrados. Ela pode, por exemplo, sugerir encomendar on-line e buscar na loja. Comércio eletrônico não é estratégia, mas uma ferramenta que precisa refletir a unicidade de seu produto e o que você quer entregar ao cliente.

Outro ponto importante: não copie ninguém nisso, nem no canal físico, nem no da internet. Construa uma posição única de canais no mercado.

Quadro 1

Saiba mais sobre **Michael Porter**

Michael Porter é um dos mais influentes pensadores em gestão e competitividade em todo o mundo. É consultor de empresas e governos e autor de vários best-sellers, entre eles *Estratégia Competitiva* (ed. Campus/Elsevier) e, com *Elizabeth Teisberg, Repensando a Saúde* (ed. Bookman), além de professor da Harvard Business School. Ao longo de sua carreira, vem recebendo diversos prêmios por sua notória contribuição ao pensamento estratégico, como os prestigiosos Adam Smith Award e John Kenneth Galbraith Medal.

Marcos Noll Barboza (CEO da CISA): Qual é sua opinião sobre o conceito de estratégia emergente?

Ela parte do princípio de que é muito complicado configurar uma estratégia antecipadamente neste mundo em mudança constante e, por isso, em vez de antecipar, a empresa experimenta, aprende, adapta, faz a sintonia fina e, com o tempo, a estratégia emerge.

> **Foram as empresas que se expuseram a críticas e precisam recuperar o respeito da sociedade**

Eu acho que é raro uma empresa ser bem-sucedida tentando se diferenciar aos olhos do mercado apenas com o que está à mão, como propõe a escola da estratégia emergente. Acho que é preciso uma percepção antecipada.

Jorge Paulo Lemann (sócio da AB InBev): É possível para uma empresa com valor de mercado superior a US$ 200 bilhões e mais de 150 mil funcionários ser tão eficiente quanto uma pequena?

Sim, grandes empresas podem ser muito competitivas e eficientes. Só é preciso criar cultura e processo mensurável em sua maneira de operar. Antes de tudo, o objetivo não é ser grande, e sim lucrativa. O que ela tem de fazer é adotar uma cultura de alta performance, com foco no desempenho e na responsabilização por ele. Deve criar unidades de negócios em torno de sua atividade principal e, assim, ser grande e pequena ao mesmo tempo – pequena no sentido de conseguir entender bem seus negócios e administrá-los; grande no sentido de alavancar as áreas em que o tamanho faz diferença.

Ozires Silva (fundador da Embraer): A crise financeira de 2008-2009 reforçou a cultura de que os governos são de que minimizou o custo de troca. Assegure-se também de que a tecnologia valorize o cliente e torne-a fácil de usar. Para isso, deve passar para o pessoal de engenharia e de marketing a necessidade de trabalhar juntos, conversar com clientes dispostos a interagir, jogar um protótipo no mundo, ver como as pessoas lidam com ele. Não dá para fazer tudo isso sentado no escritório.

Pedro Suarez (presidente da Dow América Latina): Entender os consumidores da base da pirâmide socioeconômica é fundamental para empresas que precisam crescer nas economias emergentes. Como incorporar, com sucesso, esse componente em uma estratégia, sobretudo nas organizações que estão muito longe dos consumidores finais?

Nos últimos 40 anos, fizemos produtos só para os consumidores mais ricos. Agora, nos demos conta do desatino e estamos reaprendendo o beabá. Algo que era visto como responsabilidade social – "ajudar os pobres" – hoje já é encarado como se deve: uma oportunidade de marketing.

O desafio é que em geral não dá simplesmente para fazer pequenas mudanças no produto. Deve-se dar um passo atrás e pensar estrategicamente, porque, para reduzir o custo do produto, para torná-lo mais acessível e funcional nos países emergentes, é preciso fazer várias mudanças mais fundamentais. É por isso que tantas multinacionais têm liberado suas subsidiárias para que liderem essas iniciativas para a base da pirâmide, em vez de continuar achando que todo o desenvolvimento de produto deve vir da matriz. Existem diversas outras

> **Nos últimos 40 anos, fizemos produtos só para os consumidores mais ricos. Nos demos conta desse desatino**

mais aspirações e quiserem ser mais competitivas, essa plataforma será um peso morto ainda maior.

José Carlos Teixeira Moreira (presidente da JCTM): A que, portanto, os empresários brasileiros devem dedicar maior empenho: Inovação? Talentos humanos? Custos de produção? Cultivo de clientes leais?

O Brasil está muito lento em termos de ciência e tecnologia. Possui excelente força humana, capacidade, engenheiros, mas, por causa de outros fatores, não tem sido grande fonte de patentes e inovação em ciência e tecnologia. Conta com recursos humanos bastante capazes, mas muitos brasileiros ainda carecem de educação e qualificação. As empresas terão de desenvolver mais esforços para educar e treinar seu pessoal.

Luiz Alexandre Garcia (CEO do Grupo Algar): Como devemos lidar especificamente com a incerteza da reação dos consumidores em relação a produtos inovadores e rupturas tecnológicas?

Antes de tudo, é preciso perceber que os clientes (individuais ou empresariais) em geral são conservadores e não mudam facilmente de hábito, e é isso que cria tanta incerteza. Muitos produtos maravilhosos não emplacam.

Eu diria que uma empresa que quer lidar com o risco de inovar tem de tomar precauções. Deve se assegurar de que o cliente valorize o que a tecnologia faz, em vez de achar que ela é bonita por si. Vale ter sempre em mente o conceito do custo de troca mesmo que uma nova tecnologia seja melhor, há o custo de migrar para ela. Exemplo simples é ter de passar toda sua informação do celular antigo para o novo. Portanto, para ter sucesso, você precisa ter certeza nicho e virou fenômeno. Esse é o tipo de oportunidade que o Brasil precisa buscar e replicar. O País tem oportunidade de, em muitos setores, desenvolver nichos e segmentos com marcas, conceitos e levá-los adiante. Vejo isso em indústria e também em serviços. Você, Edson Bueno, é um empresário fantástico do setor de serviços. O País tem muita coisa que é "up", positiva, e o empresário brasileiro é muito forte.

Outra coisa importante: espero que as empresas brasileiras aprendam a ser mais sustentáveis, tanto no agronegócio como na mineração. Há sinais positivos. O Brasil começou, como nação, a ser mais agressivo no que se refere a estabelecer padrões ambientais, entre eles como evitar o desmatamento.

Mas os desafios de competitividade do Brasil são profundos. A Índia e a China — e vários outros países — estão em melhor situação.

Walter Schalka (presidente da Suzano): Como nosso próximo governo deve se posicionar para mitigar as limitações à inserção das empresas brasileiras no mundo?

Eu diria que, neste momento, para continuar a ter sucesso, o Brasil tem de lidar com alguns problemas básicos de plataforma: complexidade regulatória, excesso de gastos, governo muito inflado, déficit orçamentário grande demais para ser sustentável — tudo o que é peso morto segurando a competitividade das empresas brasileiras. Vocês sabem de tudo isso. A questão é se vai haver consenso e um governo querendo lidar com essas coisas.

O Brasil tem estado bem, e é muito tentador permanecer como está e achar que isso será sucesso. Minha visão, porém, é de que as restrições ficarão cada vez mais fortes. À medida que o padrão de vida aumentar, haverá mais problemas para lidar com isso. À medida que as pessoas tiverem mais competentes para "consertar" a economia mundial. Como fica o empreendedorismo privado nessa história?

Tendemos a essa mentalidade mais socialista, de que o governo cuida de você, sobretudo na América Latina. A crise financeira assustou todo mundo, e se recorreu ao governo para soluções. Mas acho que já estamos começando a mudar para o sentido oposto novamente.

Na verdade, nos últimos cem anos, a tendência tem sido mais pró-mercado, mais abertura de economia, mais concorrência, mais transparência, mais governança – em algumas circunstâncias, os governos mais socialistas ficam em alta, porém a filosofia de mercado acaba prevalecendo.

Acelerar essa prevalência é algo que depende do próprio setor privado e de seu comportamento. Escândalos corporativos, crise financeira, sensação de ganância, empresas vendendo produtos ruins não ajudam nada. Foram as empresas que se expuseram a críticas e precisam recuperar o respeito da sociedade. E é aí que voltamos à responsabilidade social: treinar funcionários; fazer bons produtos; cuidar verdadeiramente do meio ambiente.

Edson Bueno (fundador da Amil): Diante das incertezas, o que o sr. sugere aos brasileiros para competir globalmente?

O Brasil ainda apresenta exportações baixas em relação ao PIB, embora o volume seja grande. As empresas brasileiras devem investir onde têm vantagens inerentes, que não são a manufatura de preço mais baixo – China está se encarregando disso e Índia tem sua posição. Os brasileiros precisam é entender suas características únicas.

Por exemplo, todos meus colegas jovens em Harvard conhecem as Havaianas. Eu não as uso, mas sei que são um exemplo fantástico de produto brasileiro que percebeu um maneiras para você incorporar a base da pirâmide à estratégia, mas essa é, sem dúvida, uma das mais importantes, com exemplos comprovados, como o da Procter & Gamble.

Quadro 2

Se Porter fosse um estudante de MBA...

Os conceitos fundamentais que todo aluno de MBA deve ter aprendido ao fim do curso de estratégia são quatro:
1. O objetivo de uma empresa não é ser grande nem crescer, mas obter bom retorno sobre o investimento. Isso é sinal de que se está criando valor real para os clientes e para os acionistas.
2. Quando se tenta competir, a estrutura do setor importa. Você tem de aprender sobre o setor em que está competindo, não pode pensar só na própria posição. A estrutura do setor tem grande impacto sobre a lucratividade da empresa.
3. A questão fundamental da estratégia não é fazer a mesma coisa melhor, que é o que chamamos de "eficiência operacional", e sim desenvolver uma espécie de posição estratégica única no mercado. Muito do que se fala sobre estratégia é, na verdade, melhoria operacional, boas práticas. A estratégia está relacionada com buscar posição única e competitiva no mercado.
4. Quando se procura essa posição, é importante decidir o que não se vai fazer. Estratégia é escolher o que focar, o que não fazer, que clientes atender, que mercados não servir. Toda empresa que não entender esses princípios não terá sucesso em estratégia. (MICHAEL PORTER)

Metas: veja o que você está fazendo errado

Equipe de reportagem HSM Management

Por que ainda é tão raro encontrar um processo de estabelecimento de metas bem-feito? A maioria das empresas brasileiras ainda falha, e feio, no estabelecimento de metas para suas equipes alcançarem, gerando estresse e frustração desnecessários. A HSM Management questionou consultores, gestores e estudiosos a esse respeito e a explicação é consenso: trata-se de um processo de gestão muito complexo, que requer, além de diferentes habilidades, tempo e comprometimento, e muitas vezes é pouco compreendido.

O que é uma meta? Esse entendimento, essencial, nem sempre existe. Uma meta não é só um número. Como diz Sérgio Honório de Freitas, diretor de negócios da Falconi Consultores de Resultados, ela deve transmitir duas informações-chave aos colaboradores: qual é o caminho que a instituição seguirá e qual é a velocidade que ela deve imprimir a isso.

A meta define, portanto, o tamanho do esforço a ser feito para que a organização mude em algum aspecto. Independentemente do porquê, muitas empresas e lideranças brasileiras ainda não dominam integralmente o modo de estabelecer metas e gostariam de virar esse jogo.

As abordagens para estabelecer metas desafiadoras, mas viáveis e justas, variam, porém as melhores práticas têm em comum seis fatores essenciais, na opinião dos especialistas:

1. A meta deve corresponder a uma oportunidade identificada e perseguida de maneira persistente;
2. O processo de definição da meta tem de ser de cima para baixo e de baixo para cima, envolvendo os colaboradores;
3. A meta precisa estar alinhada com um propósito que faça sentido para os colaboradores;
4. A meta deve ser tratada como investimento, não como custo;
5. A meta tem de ser desafiadora e também equilibrada; e
6. A meta precisa ter um objetivo educativo.

Identificar oportunidades

Definir metas é identificar oportunidades que podem ser capturadas. É essa a premissa da Falconi Consultores de Resultados. Não faz sentido querer crescer 10% em um mercado que está em redução, a menos que a fatia de algum concorrente esteja vulnerável ou que haja como gerar uma demanda até então inexistente.

> **A maioria das boas empresas no Brasil faz relativamente bem o planejamento estratégico, mas isso não chega até a linha de frente**

João Lins, sócio da PwC Brasil que lidera a área de gestão de capital humano, enfatiza que, para capturar uma oportunidade, é preciso olhar tanto para fora como para dentro da empresa. Dentro, verifica-se se as pessoas estão preparadas para um salto, se há a tecnologia de apoio necessária, se os processos estão bem desenhados; fora, observa-se se a concorrência já fez isso ou por que faz melhor.

Conforme Honório de Freitas, da Falconi, os passos essenciais de uma boa definição de metas são:

- Realizar um diagnóstico dos ambientes interno e externo para identificar as oportunidades que a empresa tem e suas capacidades, entendendo o que ela pode de fato buscar;
- Fazer um cuidadoso desdobramento das metas, para que haja metas por departamento e individuais alinhadas com as metas gerais e com os propósitos da organização;
- Definir os indicadores que mostrarão a evolução da caminhada em direção às metas;
- Manter um processo eficiente de acompanhamento das metas e correção de rumos.

Planejamento estratégico

O desdobramento das metas nos diversos níveis pode ser um dos principais "buracos" existentes entre a formulação estratégica e a operação da empresa. "A maioria das boas empresas no Brasil faz relativamente bem o planejamento estratégico, mas isso não chega até a linha de frente; a discussão e o desdobramento de metas são fundamentais para isso", comenta Lins.

Incluir gestores e funcionários na discussão das metas é um dos fatores de sucesso do processo de fixação de metas recomendado pela Falconi Consultores de Resultados. Segundo Freitas, "é necessário que haja negociação e renegociação de números entre as pessoas, tanto de baixo para cima como de cima para baixo na hierarquia".

Na avaliação de Cristiane Amaral, sócia-líder de melhoria de performance da empresa de consultoria Ernst & Young para a América do Sul, "o fato de não se preverem mais cenários como antigamente faz o processo ficar ainda mais dependente dos colaboradores e de seu comprometimento". A consultora explica que "hoje o nível de mudanças ao longo do ano é tal que exige outros patamares de incentivo e de delegação para que se chegue ao resultado esperado".

Árvore de valores

Atrás das metas, precisa haver um propósito maior. Se as pessoas não o identificarem e abraçarem, não vão se dispor de verdade a bater as metas, na visão da Ernst & Young. "Já faz algum tempo que não se consegue mover as pessoas com declarações de missão; elas precisam realmente entender o porquê do que fazem ou não chegarão aos resultados esperados pela organização", diz Cristiane. E não se trata de um propósito que só aumente a fortuna dos acionistas; ele tem de impactar o bem-estar das pessoas.

Na metodologia proposta pela Ernst & Young, representada por uma "árvore de valores", o propósito ajuda a organização a levar em conta as expectativas e necessidades dos clientes na hora de fixar uma meta, evitando processos que pressupõem ataques aos consumidores para que comprem um produto não desejado.

É necessário mudar nas empresas o discurso sobre as metas e associá-las à lógica de investimento e não de custo, afirma Leni Hidalgo, professora e especialista em liderança dos programas de pós-graduação do Insper.

Como o processo de estabelecimento equivocado de metas pode significar uma elevação dos custos da organização, a questão dos custos relacionados com isso tem sido muito enfatizada nas empresas.

"Tenho visto metas serem vinculadas àquilo que deveria ser a atividade regular do indivíduo", afirma Leni. Assim, a organização paga duas vezes pela mesma coisa: paga o salário fixo para o colaborador exercer uma função e paga pela meta que é uma réplica da função. "Alguns estudos já mostram empresas nas quais o pagamento de dividendos está caindo e o de metas subindo."

A origem desse problema, na avaliação da especialista, está tanto na dificuldade de traduzir as expectativas superiores em metas como em certo paternalismo em não puxar cada colaborador. Como diz Leni, "uma meta tem de necessariamente pressionar o desempenho".

Na opinião da professora do Insper, uma meta não apenas tem de ser vista como um investimento, mas também deve estar vinculada a fatores que levem a organização a pensar diferente, agir diferente e criar no mercado espaços diferentes.

Metas como equilíbrio

As metas não podem ser nem frouxas, nem exageradas, no entanto. "Sempre que reconhecidas como tão exageradas que são impossíveis, as metas geram o estresse e o desengajamento dos colaboradores, levando a um efeito sobre o desempenho empresarial que é o oposto do desejado", alerta Lins.

Como garantir que uma meta seja desafiadora e, talvez paradoxalmente, também equilibrada? O consultor afirma que, além de misturar a visão externa (contexto) e a interna (condições da empresa) para encontrar oportunidades realistas, a liderança tem de assumir um papel crucial no processo, o de unir racionalidade e sensibilidade.

"A racionalidade é importante para o líder ponderar sobre quais são os desafios e as condições concretas da organização em relação ao desejo de crescimento, e a sensibilidade é necessária para dosar a meta, sabendo se é possível puxar um pouco mais o resultado ou não."

Na opinião de Freitas, toda meta também deve ser capaz de educar a organização. Se isso não acontecer, ela não terá sido adequada. Ele exemplifica: "Se a empresa quer melhorar em 10% suas vendas, ela desenvolverá novos produtos e terá outras práticas comerciais que permitam chegar a esse resultado, esforço que fará com que as pessoas na organização aumentem o conhecimento que têm."

Segundo o especialista, alcançar uma meta precisa significar que a organização evoluiu, aprendendo técnicas e métodos novos. Sem isso, a meta não terá valido a pena mesmo que represente crescimento de receita e lucro.

Quadro I

Você aplica quando...

... entende os seis fatores essenciais que precisam ser levados em conta na hora de fazer metas.

... passa a dedicar o tempo necessário para detectar os ambientes externo e interno.

... muda seu estilo de liderar para combinar ciência e arte no estabelecimento de metas.

... passa a envolver toda a equipe na definição das metas.

Se uma meta é definida de maneira equivocada, "ela desmotiva as pessoas e, assim, põe em risco todo o processo de conhecimento que existe na empresa", diz Freitas. Segundo ele, "se a meta for fraca, a empresa não exigirá um nível de conhecimento maior do que já se tem e haverá desmotivação. Se a meta for excessivamente ousada, jamais será atingida e acabará também desmotivando as pessoas".

Ciência e arte

Enfim, talvez a maior dificuldade de estabelecer metas seja o fato de envolver ciência e arte, como reforça Lins. A "ciência" estaria na metodologia e no levantamento de dados objetivos que devem sustentar a meta, fazendo-a se basear em lacunas de oportunidade. Isso é uma etapa que "se pula" quando falta tempo ou o compromisso é baixo.

Já a "arte" viria de uma subjetividade dos líderes – de sua consideração de fatores de desempenho subjetivos – e também da intuição e sensibilidade para acompanhar o cumprimento das metas e fazer ajustes, como se viu aqui.

Não é nada fácil, portanto, mas é factível. Há, no Brasil, companhias que apresentam excelência na gestão de metas – e uma das mais citadas é a Ambev. Porém, ainda são muitas as que não sabem como fazê-lo ou que falham em certas etapas do processo; poderiam fazer melhor.

Metas agressivas, recompensas agressivas

Um modelo de gestão baseado em metas agressivas e totalmente orientado a resultados, que recompensa as pessoas proporcionalmente à contribuição de cada uma. Essa é a fórmula adotada pela Movile, empresa de desenvolvimento de plataformas de comércio e conteúdo móvel na América Latina. Tem dado certo, pelo que mostram os números.

Com cerca de 600 funcionários, a companhia vem crescendo cerca de 80% ao ano nos últimos cinco anos.

As metas são sempre de prazo mais longo, de três a cinco anos. O processo para estabelecê-las começa quando o presidente e os diretores de área definem o planejamento e seguem com a validação disso pelo nível gerencial. "Se um gerente não acreditar que aquilo é possível, não colocamos em execução", garante Paulo Curio, vice-presidente e CEO de conteúdo móvel da Movile.

O planejamento de longo prazo é desdobrado ano a ano. Para isso, as pessoas-chave da empresa se reúnem e traçam as metas estratégicas do período. O acompanhamento dos resultados é mensal e visa principalmente entender e solucionar os problemas que eventualmente estiverem impedindo o atingimento das metas.

"Em nossa reunião mensal de resultados, uma vez detectado o não atingimento, o responsável pela meta não atingida apresenta um plano sobre o que ele vai fazer para, no mês seguinte, recuperar o que perdeu e entrar no eixo."

> **Se uma meta é definida de maneira equivocada, ela desmotiva as pessoas e, assim, põe em risco todo o processo de conhecimento que existe na empresa**

Segundo Curio, todos ajudam o responsável pela meta não batida a validar seu plano e sugerem novas ideias para que, no mês seguinte, ele consiga recuperar o que perdeu.

Na Movile, multinacional brasileira detentora de aplicativos como iFood, Apontador e PlayKids, os funcionários podem validar as metas. A empresa pratica metas mais agressivas que a média do mercado, mas parece ser um caso de metas desafiadoras com equilíbrio, como atestam os seus números de crescimento. A chave é, além desse acompanhamento rigoroso, o envolvimento real dos funcionários, que, além de poderem validar as metas, são recompensados acima da média do mercado pelo atingimento.

"Aqui não estabelecemos meta para inglês ver e sim para aumentar o valor da empresa", diz o CEO. Parece estar dando certo; a Movile acaba de receber R$ 125 milhões em investimentos do grupo Naspers.

Quadro 2

Aprendendo com os erros alheios

Veja alguns cases reais acompanhados pela Falconi (mantidos anônimos), em que as organizações falharam em uma ou mais etapas do processo de fixação de metas:

Meta linear
"Uma grande empresa precisava de um esforço muito rápido de redução de custos. Ela definiu, unilateralmente, um corte de 20%. Mas na organização existiam grupos de pessoas com níveis de conhecimento distintos: uns tinham excelente performance em termos de custos havia alguns anos, e para eles impor a meta de redução de 20% significaria que teriam de cortar o que era bom na operação; eles não tinham 'gordura' e provavelmente cortariam algo importante, algo que agregava valor ao cliente.

Meta sem fim
A meta nunca termina, as pessoas vão aprendendo. O bom é que o processo ajuda a formar uma legião de líderes e destaca as pessoas de melhor desempenho, de modo meritocrático. Em compensação, para outros, que não cuidaram disso como deviam, seria fácil demais alcançar a meta de 20% – uma meta frouxa, sem um desafio grande o suficiente. A meta de um corte linear de custos seria um grande equívoco da empresa."

Não analisar os detalhes

"Uma empresa premiava sua equipe comercial somente pelo volume de vendas. Ao analisar os detalhes do processo, foi descoberto que seus vendedores chegavam a dar desconto de 50%, pois, à medida que se aproximava o final do mês e eles tinham de bater a meta de vendas, aumentavam enormemente o desconto. O que importa não é o volume de vendas isoladamente. Devem-se analisar o volume, a margem, a qualidade das vendas e assim por diante."

Meta mal desdobrada

"Em certa empresa, o CEO não tinha batido sua meta, que era a da organização, mas estranhamente todos os seus diretores haviam alcançado as respectivas metas. Como isso pôde acontecer? O desdobramento das metas da empresa como um todo – que é a meta do presidente – não foi coerente com as metas que foram desdobradas no nível dos diretores. A meta da organização, como se sabe, é um desdobramento das metas de cada setor da estrutura, de responsabilidade dos diretores. Se os diretores batem as metas, a organização bate."

Falta de disciplina

"Ao acompanharmos o plano de ação de uma empresa, constatamos que o resultado previsto para o primeiro mês não veio e, ao olhar mais de perto, vimos que 40% das ações previstas para o período não tinham sido realizadas.

A disciplina da organização era péssima e, sem disciplina, não há meta que vingue. Só a execução de um plano bem-feito garante bater a meta. Nem é preciso cobrar das pessoas a meta; basta cobrar a execução do plano. Mas isso não costuma ser feito ou ocorre muito eventualmente.

A meta dever ser acompanhada semanal e mensalmente. Se ela foi atingida, é preciso padronizar as atividades que levaram a isso e treinar todos. Se não deu resultado, deve-se entender o que aconteceu. É um processo dinâmico, e é por isso que as pessoas vão aprendendo: elas param, avaliam o resultado e continuam praticando.

A meta nunca termina. O bom é que o processo ajuda a formar uma legião de líderes e a notar as pessoas que têm melhor desempenho. É um processo meritocrático."

Quadro 3

Aprendendo com os acertos - O caso Colibri

A Colibri é uma empresa de confecção de médio porte, sediada em Atibaia, interior paulista, onde 20% da equipe participa do processo de estabelecimento de metas comerciais. São os funcionários que geram 80% dos resultados que ganham o direito de se envolver na definição das metas.

O processo tem muito de ciência. Marcelo Rosa, diretor comercial da Colibri, explica que se começa com a análise dos fatores externos (perspectivas de crescimento do PIB e do setor de vestuário, comportamento do câmbio e tendências de consumo) e internos (capacidade de atendimento, situação dos canais de venda e análise do portfólio de produtos).

A seguir, vem a análise do potencial de vendas, levando em conta o índice potencial de consumo de cada região e o comportamento passado das vendas versus a tendência. "Nessa etapa, aplicamos um algoritmo próprio; este gera números para cada produto em cada região, e a equipe os valida ou não", diz Rosa.

"Planos de ação regionais e por produtos são gerados e a execução de cada um garante o cumprimento das metas. Há recompensa para todos." Prova do bom sistema de metas da Colibri é que a empresa está crescendo quase 3% em 2015, em um mercado estagnado, tornando totalmente factível sua meta de crescer 15% até o fim do ano. "Mas, se crescermos 12%, já recompensaremos o pessoal."

Oportunidade não é tudo

Equipe de colaboradores da HSM Management

Ao se internacionalizarem, as empresas devem levar em conta também o ambiente institucional do país de destino e as próprias pressões internas, a fim de escolher a melhor estratégia de entrada, dizem os experts em estratégia Fernando Serra e Manuel Portugal Ferreira, professores associados da HSM Educação e pesquisadores do PPGA da Uninove.

Em 2009, a subsidiária da Vale no Canadá ficou sem funcionar por mais de um ano. A empresa estabelecida que ela adquiriu – a Inco – foi acusada de práticas trabalhistas injustas e o sindicato fez greve. A Vale não considerou as diferenças institucionais entre a realidade canadense e a brasileira, com foco apenas em ser a maior do mundo e em evitar a compra da Inco por concorrentes.

Boa parte das empresas brasileiras parece agir como a Vale, talvez pelo fato de nosso movimento de internacionalização ser um tanto novo. Pensam só nas oportunidades e em seu planejamento, subestimando o contexto institucional dos mercados e da companhia ao migrar. Elas esquecem as pressões institucionais do país de destino, as pressões institucionais do país de origem e as pressões internas à empresa.

Por pressões institucionais, entendemos tanto as questões regulatórias explícitas – ou seja, a legislação e as regulamentações em geral – como normas cognitivas implícitas, tácitas e, portanto, mais difíceis de codificar e aprender – são regras não escritas, mas frequentemente adotadas nas negociações e interações culturais, tais como oferecer presentes, distintas maneiras de lidar com relações hierárquicas e tradições complexas às vezes misteriosas para os estrangeiros.

As pressões institucionais internas vêm das estruturas organizacionais, da missão e da visão corporativas, dos objetivos, normas, valores e tradições, das relações de poder, das coalizões dominantes e da cultura organizacional. As pressões internas à própria empresa que mais influem nas estratégias de entrada nos mercados externos são, sobretudo, as de tornar similares todas as subsidiárias no exterior.

Caminhos básicos

Com base na literatura existente e em pesquisas e estudos de caso nacionais e estrangeiros, chegamos a quatro estratégias de entrada fundamentais, definidas conforme os ambientes institucionais dos países de entrada e de origem, mais as pressões internas, detalhadas a seguir.

Estratégia 1: Exportação

Quanto maior a distância entre os ambientes institucionais dos países de destino e de origem, mais difícil será o fluxo de informação entre a multinacional e o mercado local –, e isso pode fazer com que a empresa seja menos eficiente ali. Nesse caso, a companhia deve buscar selecionar modos de entrada que não envolvam investimentos de capital ou que dependam somente de pequenos investimentos.

Da mesma forma, quanto maior a distância entre ambos os ambientes institucionais, maior será a necessidade de a companhia adaptar seus produtos e serviços. Isso quer dizer que, em fases iniciais de internacionalização nesse mercado, ela talvez deva considerar a exportação como o modo de entrada mais apropriado.

Estratégia 2: Formas de entrada colaborativas, como joint ventures, alianças estratégicas e aquisições parciais

Essas constituem a melhor opção em três contextos típicos:
- Quando os ambientes normativos são diferentes daquele do país de origem ou mais primitivos;
- Quando as normas cognitivas e culturais são misteriosas:
- Quando as pressões internas não são muito significativas.

A África é um bom exemplo dos três casos em relação ao Brasil. Isso explica por que, tendo havido crescimento de

27% no número de projetos financiados por investimento direto estrangeiro nos países africanos entre 2010 e 2011, segundo relatório da Ernst & Young, o Brasil ainda tem investimentos tímidos no continente: somente 5,5% dos investimentos estrangeiros ali são brasileiros.

Entre as justificativas para esse cuidado estaria a desconfiança decorrente da instabilidade política, da corrupção e da complexidade em fazer negócios com países africanos. O problema é que, se nossas empresas enxergam essa distância em relação à África, não fazem o mesmo com outros contextos igualmente distintos.

Ter um parceiro local para operar e compromisso parcial de investimentos contribui para o sucesso em países que oferecem restrições ao controle de empresas locais por capital estrangeiro, como se verificou na China durante muitos anos – ou naqueles com diferenças culturais radicais, como a Índia, ou, ainda, em países como Portugal, só aparentemente próximos.

Similarmente, quando entram em países institucionalmente primitivos, sendo oriundas de regiões mais desenvolvidas, as empresas tendem a optar por estratégias colaborativas para prevenir possíveis custos – e riscos – advindos de normas locais.

Estratégia 3: Aquisições de empresas locais

Isso é aconselhável quando:
- O país de origem tem um sistema institucional mais desenvolvido que o do país receptor;
- Pressões internas são insignificantes.

Estratégias de parcerias são menos importantes para entrar em países ou regiões mais desenvolvidos, como os

Estados Unidos e a União Europeia, uma vez que eles possuem instituições bem estabelecidas, eficazes e voltadas para facilitar a internacionalização.

De outro lado, pelo fato de terem mercados mais sofisticados e empresas mais competitivas, é possível que multinacionais estrangeiras que pretendam entrar nesses países procurem sua vantagem competitiva em alguma forma de recurso intangível (por exemplo, conhecimento) ou capacidade. Isso explica por que essas empresas podem preferir estratégias de entrada que se materializem na posse (e no controle) integral de suas subsidiárias no exterior; elas querem proteger suas vantagens.

Estratégia 4: Projeto greenfield
Recomenda-se a adoção desse tipo de estratégia de entrada quando:
- O país de origem tem um sistema institucional mais imaturo que o do país receptor;
- Há pressões internas à organização que são significativas.

Quando são fortes as pressões institucionais internas para, por exemplo, padronizar as subsidiárias internacionais em termos de qualidade e desempenho, as companhias costumam preferir o investimento de raiz, do tipo greenfield. No entanto, é preciso tomar cuidado com essa decisão se houver receio dos trabalhadores acerca de aprenderem novas competências e divergências da empresa de sua missão e visão.

Deve-se ir além
Aqui propomos, didaticamente, quatro caminhos para que os gestores possam refletir sobre internacionalização

não somente com base em otimização de eficiência, mas também no que diz respeito aos sistemas institucionais. Repassando, enquanto os modos de entrada por meio de investimentos greenfield e de exportações podem ser favorecidos quando as pressões institucionais do país receptor são baixas, os modos de entrada de maior compromisso de recursos podem absorver a incerteza local e aumentar a legitimidade da subsidiária no país receptor.

Já a adoção de estratégias colaborativas tende a depender tanto do nível de desenvolvimento institucional do país receptor como da estratégia da sede corporativa para toda a empresa multinacional.

Nada disso constitui camisa de força, é claro, pois sempre há estratégias alternativas a escolher. Mas levar as pressões em conta na estratégia de entrada certamente aumenta – e muito – a chance de sucesso.

Entenda cada caso

Vale a pena analisar os percursos de internacionalização de três empresas brasileiras, levando em conta os contextos em que se inseriram:

Marcopolo. Eis uma empresa que não considera só a oportunidade e seus planos ao se internacionalizar, mas também os contextos institucionais no modo de entrada. Ela costuma ter dois modos de entrada: ou exporta seus ônibus desmontados (para reduzir custos do frete), ou, nos mercados mais importantes, opera fábricas. Na Índia, optou pelo segundo e decidiu operar suas duas fábricas de ônibus urbano em conjunto com a Tata Motors, em um negócio em que possui 49% do capital. Vale destacar que a Marcopolo consegue, assim, desafiar com sucesso a estratégia-padrão das fabricantes de ônibus, que é de atender à demanda local.

Embraer. A fabricante de aeronaves entrou na China em 2002 em parceria com o Estado, na forma da empresa Avic II (sigla de Aviation Industry Corporation of China II): juntas, ergueram a unidade fabril Heai, localizada em Harbin, no nordeste do país. Esta tinha 200 funcionários e capacidade de produção de dois jatos por mês. A Embraer foi atraída para a China para fazer um investimento de longo prazo por uma gigantesca oportunidade: o país deve responder por 13% das compras de jatos com capacidade de 30 a 120 passageiros nos próximos 20 anos, em um total previsto de quase 900 aviões.

No entanto, a Embraer deveria ter tomado mais cuidado na elaboração da parceria. A transnacional brasileira quase fechou as portas da Heai em 2012, quando o governo chinês decidiu fundir a Avic II e a Avic I para criar uma nova empresa, a Comercial Aircraft Corporation of China (CACC), que comercializa o ARJ21, jato concorrente da Embraer desenvolvido inteiramente na China. Para evitar o pior, ela precisou da intervenção do governo brasileiro. Houve a troca dos jatos ali fabricados – do ERJ-145 para o mais moderno Legacy 600/650 – e se conseguiu reverter o problema.

O Boticário. A companhia de cosméticos começou a operar em 1986 em Portugal com um projeto greenfield, mas levou quase vinte anos para se consolidar e, até hoje, suas vendas internacionais não chegam a 2% das totais. Apesar da aparente afinidade com Portugal, a empresa teve dificuldades em viabilizar a rede de franquias devido às diferenças culturais da Europa.

Quadro 1

O que mostra o estudo Apex-Brasil

As empresas brasileiras começam realmente a buscar oportunidades para crescer em mercados internacionais, mas esse desafio por enquanto tem como foco principal os países da América Latina. Essa foi uma das conclusões do estudo "O Brasil no Mundo Globalizado: Internacionalização", realizado pela Apex-Brasil, a Agência Brasileira de Promoção de Exportações e Investimentos, em parceria com HSM Management.

Isso acontece porque as empresas ainda têm dificuldade de estruturar sua estratégia internacional e veem muitas barreiras para se estabelecer em outros mercados. Sessenta por cento das que responderam à pesquisa apontaram como principais desafios a falta de informações sobre o país de destino, complexidades legais e a dificuldade na gestão de negócios internacionais. Uma das principais dificuldades, dizem, é não ter uma equipe preparada para implementar a operação internacional, não só por questões culturais, mas também de legislação e operacionais.

Os resultados do estudo mostraram que 60% das empresas atuam na área de produtos, 27% em produtos e serviços e 13% apenas em serviços. A porcentagem de serviços é menor justamente porque são empresas mais dependentes de talentos, o que é mais difícil de desenvolver no exterior.

Entre as respondentes, 83% já tinham feito algum tipo de exportação e, dessas, 53% exportaram diretamente, sem a intermediação de trade companies ou outras instituições. Para 57% do total de empresas, a participação das exportações em seu faturamento era de até 10%. Esse valor pode crescer, uma vez que, internacionalmente, 30% é considerado um patamar adequado para o nível de vendas externas para organizações que querem se internacionalizar.

Outro objetivo da pesquisa era entender quais recursos as empresas utilizam para coletar e analisar informações sobre mercados estratégicos. As principais escolhas foram:
- estudos de mercado pagos ou gratuitos,
- notícias de jornal,
- observação do movimento da concorrência e/ou dos clientes,
- viagens prospectivas para levantamento de dados e
- contato com missão diplomática do Brasil ou do país-alvo.

O que ficou bastante evidente na pesquisa é que as empresas têm procurado aumentar suas vendas no mercado internacional, já que 60% das respondentes buscam a exportação como estratégia de crescimento.

Para saber como as empresas chegam a esses mercados, o estudo abordou o planejamento de atuação comercial no mercado internacional entre 2012 e 2014, perguntando sobre o posicionamento da companhia no exterior, a percepção dos concorrentes, o uso de pesquisa com clientes e a gestão de marcas nos mercados estratégicos.

Conclusão: as que procuram aumentar suas vendas têm como estratégia de posicionamento a oferta de produtos de qualidade superior aos da concorrência e a manutenção de uma marca forte no mercado. A maior parte das companhias declarou ainda que conhece seus concorrentes (73%), mas apenas 40% os monitoram no mercado internacional. Cinquenta por cento não fazem pesquisas e 63% trabalham com marca própria no mercado internacional.

As mais frequentes ações de comunicação para chegar aos mercados-alvo envolvem internet, ações de ponto de venda (PDV) e participação em feiras internacionais. A maioria das empresas atua diretamente no mercado visado, principalmente participando de feiras internacionais. Por fim, o estudo avaliou se as empresas contam com a assistência da Apex-Brasil na definição de sua estratégia de internacionalização, o que é feito por 93% delas.

A vantagem competitiva chegou ao fim?

por Chris Stanley, colaborador da HSM Management

O diferencial de sua empresa pode desaparecer. Como responder estrategicamente a isso? A especialista Rita McGrath sugere inovar e "desvincular", apoiada em pesquisa com empresas.

Com base em uma amostra de cinco mil companhias de capital aberto do mundo, Rita Gunther McGrath, uma das dez principais pensadoras de negócios do ranking Thinkers50 e professora da Columbia Business School, listou dez companhias para seguir: dos Estados Unidos, Cognizant Technology Solutions (serviços de tecnologia), Atmos Energy (distribuição de gás) e FactSet (análises financeiras automatizadas); da Índia, Infosys e HDFC Bank; do Japão, Yahoo! Japan; da China, Tsingtao Brewery; da Eslovênia, Krika (indústria farmacêutica); e, da Espanha, Indra Sistemas (tecnologia) e ACS (construção e serviços).

Essas empresas são resultado de um estudo que buscou responder quão fácil é crescer, apesar de tudo o que enfrentam. O que elas têm em comum? Entre 2000 e 2009, fizeram crescer seu lucro líquido ou receita ao menos 5% ao ano sem registrar queda em nenhum ano, apresentando crescimento estável e previsível. Além disso, nenhuma delas é uma seguidora da estratégia clássica. Ao contrário, todas trabalham com a mudança e a inovação como regra, e aprenderam a fazer bem o movimento que McGrath chama de "desvinculação saudável", ou seja, vender rápido e barato o negócio que perdeu vantagem competitiva. "Não digo que sejam as únicas de alto desempenho, mas nos ensinam muito."

Na comparação de cada uma com seus três principais concorrentes, definidos segundo a Hoover's Business Research, ela e sua equipe descobriram que a primeira característica comum às melhores companhias é a combinação de grande agilidade e dinamismo – a inovação – com estabilidade.

> **A característica comum às melhores companhias é a combinação de grande agilidade e dinamismo com estabilidade**

"A parte da estabilidade se refere a cultura, valores e liderança." Em todos os casos estudados, o líder havia sido promovido dentro de casa, por exemplo. Seu treinamento de pessoal também é regular e estável, e eles incentivam relações duradouras.

A parte do dinamismo abrange forte capacidade de mobilizar recursos e reorganização frequente mesmo quando esta não é necessária – com postos de trabalho sendo compartilhados, mudanças de cargo frequentes, experimentação de mercado e inovação.

Falsa segurança

A especialista anuncia o fim da vantagem competitiva definida por Michael Porter, afirmando que, tradicionalmente, no campo da estratégia, dizia-se que uma companhia tinha vantagem competitiva quando obtinha receitas ou retornos superiores aos de outras organizações de seu setor. "A vantagem era sustentável quando se prolongava no tempo. No entanto, pude comprovar que cada vez mais, em vários aspectos da economia, tal vantagem não apenas não funciona, como também pode ser perigosa, porque cria reflexos equivocados nas empresas."

Elencando alguns exemplos atuais – como os casos da BlackBerry, da Kodak, da Sony e da Nokia –, ela destaca cases em que a vantagem competitiva pode ser perigosa para as empresas. "Todas tinham presença forte e excepcional, além de alta participação no mercado. E ficaram estagnadas por muito tempo, pois não mudaram antes de precisarem fazê-lo." Na interpretação de McGrath, "elas tinham uma falsa segurança". E isso, segundo ela, explica por que sustentar a vantagem competitiva é uma armadilha. "As empresas se tornam autocomplacentes e não mudam."

Quadro I

Vantagens competitivas transitórias e pessoais

De acordo com a professora Rita McGrath, o declínio da sustentabilidade da vantagem competitiva das empresas corresponde a mudanças nas exigências de carreira dos gestores, porque, com a vantagem competitiva, vai embora aquilo no qual eles sobressaem.

"A economia da vantagem transitória vai recompensar a capacidade de aprender, adquirir novas habilidades, desenvolver novas ideias e pensar estrategicamente aonde a empresa deve ir. Terão problemas as pessoas acostumadas a fazer o que lhes dizem que façam", alerta a estrategista.

A análise de McGrath contempla que alguns fatores podem conferir às empresas uma presença ou vantagem relativamente duradoura, como a regulamentação dos sctores de telecomunicações e bancário, ou as sólidas redes de relações entre empresas e clientes. Já o produto ou o serviço tradicionais e a participação no mercado estão realmente desaparecendo como vantagens.

A redução das vantagens competitivas a que estamos assistindo em muitos setores resulta de uma confluência de fatores, como a concorrência mundial, a era digital – que causou a ruptura de muitas indústrias – e o desaparecimento das tradicionais barreiras de entrada decorrentes da propriedade de ativos. "Já não é preciso ser proprietário de nada para atuar – pode-se ter acesso a ativos sobre uma base de custos variáveis."

A estratégia tradicional se baseia em análise da concorrência, sendo que hoje é preciso disputar os centros de recursos dos clientes, o que McGrath chama de "arenas". Ela conta que conheceu um empreendedor que teve uma rede de lojas de doces aonde as crianças iam regularmente quando recebiam a mesada. Mas agora elas deixaram de ir, pois preferem gastar o dinheiro em minutos de telefonia celular. "Cada vez mais, as empresas serão recompensadas por criar conjuntos de experiências completas e satisfatórias ao cliente, e não por oferecer um produto."

Novas regras

Segundo a especialista, há um novo manual para o jogo da estratégia, que se baseia mais no pensamento e no comportamento empreendedor do que na estratégia clássica. "O jogo contém novas regras", diz. "A primeira é a noção de transformação ou reconfiguração contínuas, a ideia de mudar antes de ter de mudar. A segunda é o que eu denomino 'desvinculação saudável', o que significa saber como sair e fazê-lo com dignidade, enquanto se captura o máximo de valor possível."

A ideia de desvinculação saudável, segundo ela, diz respeito ao momento em que um negócio completou seu ciclo, um produto começou a perder força ou uma vantagem deixou de existir. O que se quer com ela é liberar recursos, desvinculando-os de tal modo que as pessoas se ponham a trabalhar em algo novo. Uma forma ruim de desvinculação é vender ativos que não são úteis a preço de liquidação. "A Palm fez isso e a BlackBerry quase fez, quando tentou vender a empresa por uma fração do valor que certa vez teve, antes de cancelar a venda."

McGrath enfatiza que é preciso vender esses ativos, assegurando-se de obter o máximo valor possível por eles e de se beneficiar dos investimentos realizados, de maneira a se desvincular da parte fraca, mas manter as capacidades e as forças que poderão ser usadas no futuro. "Foi assim que a

Verizon se desfez de sua área de listas telefônicas, e a IBM, das máquinas de escrever e do PC", lembra.

As companhias que realizam com sucesso a transformação contínua têm o que McGrath chama de "relógio acelerado": tomam decisões com rapidez. A Infosys, por exemplo, mudou o modo de fazer o orçamento de toda a empresa, flexibilizando-o com a inclusão de uma nova linha de base todo trimestre. Seus gestores agora podem levar em conta as oportunidades que acabam de surgir e ajustar os recursos de acordo com elas, em vez de ficarem presos ao que foi determinado. "Esse é um modo de os executivos acompanharem de perto o ambiente em que operam e acelerar a mudança", ensina.

> **Cada vez mais, as empresas serão recompensadas por criar conjuntos de experiências completas e satisfatórias ao cliente, e não por oferecer um produto**

Mesmo sendo uma empresa tão grande – com mais de 200 mil funcionários –, eles analisam o orçamento todo trimestre, contando com grande apoio de tecnologia, sistemas de informação bons e transparentes, e avaliam com agressividade as oportunidades, objetivo presente em muitas empresas.

Coragem de fracassar

No prefácio de um dos livros de McGrath, *O Fim da Vantagem Competitiva*, Alex Gourlay, ex-CEO da divisão de varejo da Alliance Boots, farmacêutica que atua nos mercados business-to-business e varejo, explica como os líderes podem criar um ambiente dinâmico. Para ele, o líder dinamizador sabe receber más notícias e se recupera rapidamente para resolver os problemas; ousa tomar decisões com informações incompletas; tem coragem de fracassar com

Quadro 2

Adaptação: uma vantagem brasileira

Em *O Fim da Vantagem Competitiva*, Rita McGrath afirma que as culturas tradicionais e estáveis estão menos equipadas para sobreviver em épocas instáveis, e cita o Brasil como uma economia de profissionais bem preparados, que já experimentaram inflação, deflação, concorrência global maciça, corrupção e outros desafios.

A razão para isso, segundo a especialista da Columbia Business School, é que pessoas que estiveram muitas vezes expostas a necessidades de mudança e transformação se sentem mais confortáveis com a tomada de decisão "improvisada", pois seu medo de perder algo seguro diminui e sua coragem de reconstruir algo que se foi aumenta.

---

rapidez e reconhecer os erros com a mesma rapidez, corrigi-los e seguir adiante; tem energia para fazer todas essas coisas. "Não estamos falando de um jogo simples, menos ainda se precisar ser jogado em um tempo curto. No caso da Boots, ele às vezes é jogado em dez minutos."

Gourlay menciona "coragem de fracassar com rapidez". Uma coisa que sempre falta às empresas é estabelecer a diferença entre o fracasso inteligente e aquele que não deve acontecer. Se o risco for limitado, o custo também será limitado. Em outras palavras, podemos nos dar ao luxo de muitos fracassos, desde que sejam baratos. "Mas muitas companhias não agem assim", diz McGrath. "Elas abordam certos ambientes que lhes são novos com as mesmas regras dos conhecidos e, quando algo sai errado, criticam algum executivo: 'Você tinha de saber o que estava fazendo'. Deveriam dizer: 'Aprendemos algo importante com isso e temos de pensar no próximo passo'."

Que empresa tem coragem de fracassar? "A Amazon faz isso muito bem", afirma, lembrando da sequência de esforços que ela empreendeu para vender em nome de terceiros, como canal de distribuição. "Quando tentou isso pela primeira vez, organizou leilões e concorreu com o eBay. Fracassou. Depois, criou a seção zShops, pondo os terceiros em uma página independente de seu site. Fracassou também. Aí a Amazon aprendeu e resolveu colocar os produtos dos terceiros dentro de seu site. Produtos BestBuy passaram a ser oferecidos pela Amazon, por exemplo, o que aumentou a satisfação do cliente e o volume de vendas. E ela não tinha de ter os ativos para realizar esses negócios. Hoje, a venda de terceiros representa mais de um terço da receita total."

Acerto e erro

Outro exemplo que cita é o da Netflix, "porque é um caso de acerto e erro". O CEO, Reed Hastings, acertou ao antever a transição do filme em DVD para o streaming, mas errou na maneira de fazer os clientes migrarem do negócio antigo para o novo. Hastings obrigou todos os clientes a mudar, porque quem queria se manter com o DVD tinha de migrar para outra plataforma, o Quickster. "As pessoas não gostam de mudanças e isso as deixou furiosas; entravam em duas filas. Em minha opinião, a migração deveria ter sido feita de maneira progressiva."

McGrath diz que costuma pensar na desvinculação quase como o processo oposto ao de lançar um produto. Em sua análise, a Netflix deveria primeiro ter aumentado o preço para os que quisessem manter o serviço de DVD, de tal modo que o serviço de streaming fosse uma escolha. Alguns clientes migrariam. Depois, a empresa poderia ter oferecido um desconto para quem pedisse DVDs menos vezes por semana, e outra leva de clientes migraria com isso. "Acredito que os clientes já perdoaram a Netflix, mas pode apostar que seus gestores terão mais cuidado na próxima desvinculação que fizerem."

Para explicar como provocar a ruptura de si mesmo, McGrath divide a resposta em duas vias: a primeira tem a ver com a gestão de seu portfólio de negócios e a margem de investimento. Uma companhia deve ter uma combinação de negócios que inclua os negócios centrais de hoje, prováveis plataformas para o futuro e possíveis alternativas que ela não tem certeza de que poderão funcionar. A segunda via é pensar se o modelo de negócio novo do portfólio é realmente de ruptura, pensando em como outros players reagiram, por exemplo, ao advento do mundo digital. E, importante, é preciso tirar os negócios mais novos do controle dos antigos, ou os novos serão destruídos.

> **Negócios que nascem precisam ter estrutura de custo organizacional e financiamento diferentes e um CEO exclusivo**

Ela enfatiza que negócios que nascem precisam ter estrutura de custos, estrutura organizacional – com gente experiente – e financiamento diferentes e, muitas vezes, também um CEO exclusivo. Enquanto isso, e essa é a parte difícil, é preciso gerir o negócio estabelecido buscando mais eficiência e caixa, porque será necessário retirar dinheiro dele. "A questão da distribuição de recursos é chave em um contexto de vantagem transitória", destaca.

O varejo começa a vibrar

por Ticiana Werneck, colaboradora da HSM Management e especialista no setor varejista

O setor, que fatura R$ 1,5 trilhão no Brasil, busca incorporar tendências mundiais, como a de fundir diferentes canais de vendas em um só, ao mesmo tempo que investe para aumentar eficiência e rentabilidade.

No maior evento do setor de varejo do mundo, o Big Show da NRF (National Retail Federation), que acontece anualmente em Nova York, Stephen Sadove, chairman da NRF, deu o tom à edição 2015 em seu discurso de abertura, ao afirmar que varejistas do mundo todo tentam se adaptar a um ambiente em estado revolucionário, no qual os canais de venda – loja, e-commerce, telefone, mobile, catálogo etc. – não podem mais operar separados. "Como não existem fronteiras na cabeça do consumidor, elas também não podem existir para o varejista", explica o consultor brasileiro Alberto Serrentino, da Varese Retail.

Trata-se de um salto em relação ao conceito de integração entre os canais que vinha dominando as discussões até então. Agora, mais do que ser integrados, eles precisam se fundir. A razão? "A contribuição de cada canal para o negócio vai bem além do que ele processa como transação", reflete Serrentino.

Os números comprovam isso: 84% dos norte-americanos usam o celular para acessar informações sobre o que desejam comprar antes ou durante sua estada na loja, segundo levantamento da firma de consultoria Deloitte. E 37% acabam levando mais itens quando passam na loja para retirar as compras feitas on-line, conforme o Google.

Ou seja, um canal reforça o outro, aumentando a taxa de conversão de compra geral. É um trabalho conjunto, diferente da concepção antiga em que se separavam os canais de venda como se fossem empresas distintas (e concorrentes).

A sinergia derivada da fusão dos canais proporciona, também, mais racionalidade à cadeia de valor. Por exemplo, pode-se enviar uma peça comprada no e-commerce da empresa direto do estoque de uma loja – e não de seu centro de distribuição – para a casa do consumidor. É o que a Best Buy já faz com frequência e chama de "ship from store".

Fusão entre os canais

O movimento também começa a acontecer no Brasil, conforme Paulo Correa, vice-presidente comercial da varejista de moda C&A no País. A C&A acaba de lançar um novo site que apoia a operação das lojas em todo o Brasil. Se, em municípios onde a marca ainda não atua fisicamente, ele preenche o espaço, onde há lojas, funciona de maneira complementar. "Por exemplo, as pessoas podem trocar lá produtos comprados no site e, de repente, decidir comprar algo em que esbarrem", comenta o VP.

> **A sinergia derivada da fusão dos canais proporciona, também, mais racionalidade à cadeia de valor**

Segundo Correa, a empresa prevê, em seu planejamento, uma fusão total e absoluta entre os canais para que a experiência com a marca seja fluida de fato para o cliente, "de acordo com as necessidades e o estilo de vida dele". Como está a fluidez nessa estratégia?

Imagine que uma consumidora gosta de um produto que vê na hora do almoço na loja física, mas não tem tempo de parar para comprá-lo. Ela terá a oportunidade de adquirir a peça à noite, em casa, na web.

O contrário também é verdade, com ela escolhendo algo no celular e comprando na loja. "A cliente deve poder se relacionar com a C&A na hora, no local e do jeito que quiser", diz Correa.

No supermercado alemão Emmas Enkel, a fusão dos canais é total e o consumidor compra como lhe convier. Na loja, escolhe os produtos no autosserviço ou dá a lista ao balconista; depois, leva-os para casa consigo ou manda entregá-los.

Também pode solicitar os produtos pela internet, por telefone ou, fora do horário de funcionamento, com a leitura dos códigos QR na vitrine pelo celular, e os pacotes são entregues em seu domicílio ou retirados por ele na loja.

Inovação nos modelos

A fim de engajar o consumidor com a loja mais do que com a marca industrial, não param de surgir modelos de varejo inovadores. Um dos que provocam maior ruptura é o da loja japonesa GU Fitting, que está permitindo que o consumidor fique com o produto – no caso, roupa – por um dia antes de decidir se quer comprá-lo.

Um pouco similar é o modelo da rede de óticas norte-americana Warby Parker, negócio fundado há quatro anos apenas na internet e que não para de crescer em lojas físicas. Seu diferencial é a comodidade: o consumidor recebe várias opções de óculos em casa, experimenta todos e devolve apenas aqueles de que não gostou.

Entre os modelos inovadores, o click and collet – em que se compra pela internet e se busca o produto na loja, evitando filas no caixa – já é comumente adotado nas livrarias brasileiras.

O modelo marketplace, que não existia até há pouco tempo, dissemina-se rapidamente e com alta rentabilidade. Trata-se do e-commerce que reúne em um mesmo site ofertas de diferentes lojas – como o brasileiro Estante Virtual e os chineses Alibaba e Tao Bao, que juntos faturam cerca de US$ 500 bilhões anuais, mais que o maior varejista do mundo, o Walmart, cuja receita em 2014 ficou em US$ 476 bilhões.

A conclusão é a de que, em tempos de Airbnb e Uber, duas empresas digitais que entregam aos consumidores o que eles procuram, o varejo precisa agir igual, correndo atrás de modelos inovadores.

Quadro 1

Quero saber antes de sair de casa!

Os aplicativos para celular das varejistas estão ficando cada vez mais completos. O app da JCPenney permite que o cliente veja se, em determinada loja que deseja visitar, a peça que busca está em estoque em sua numeração. O da Gap também faz isso e extrapola: com um clique é possível deixar a peça reservada na loja por até dois dias. E, sim, o consumidor valoriza essa facilidade. Segundo pesquisa IBM, 60% dos consumidores norte-americanos disseram que é importante saber se o item que querem comprar está disponível em estoque antes de saírem de casa.

E agir rápido, porque "tendências se tornam realidade em espaços de tempo cada vez mais curtos", como analisa Eduardo Terra, presidente da Sociedade Brasileira de Varejo e Consumo e sócio da firma de consultoria BTR – Bridge to Results.

Avanço mobile

Outro assunto muito discutido no NRF foi a enorme representatividade que o canal mobile vem ganhando. Para ilustrar como ele é potente no mercado norte-americano, segundo a IBM, no último Dia de Ação de Graças – data fortíssima para o varejo local –, 50% das vendas on-line foram feitas em aplicativos ou sites mobile.

O tráfego de e-commerce motivado por aparelhos móveis tem crescido no mundo inteiro. Ronaldo Pereira, CEO da Óticas Carol, resolveu replanejar sua estratégia mobile depois de sua visita ao NRF, por exemplo.

Se antes o plano da rede era lançar um novo site e adaptá-lo ao celular, agora um site exclusivo para esse canal está em construção, com funcionalidades específicas, como pesquisas e cadastramento de cupons de venda.

Mais lojas físicas

O continuado poder da loja física saltou aos olhos no NRF. Numerosas palestras trataram de disseminar que a loja está mais forte do que nunca. Amparadas nessa garantia e na conquista de mercado, as grandes redes pelo mundo continuam aumentando sua capilaridade, fortalecendo a marca, entre outros objetivos.

Segundo pesquisa realizada no último World Retail Congress com grandes varejistas internacionais, 55% deles pretendem aumentar o número de lojas físicas. Entre as tendências globais, essa é a mais clara no Brasil. A própria Óticas Carol, que hoje soma 730 unidades (a maioria, franquias), quer chegar a 871 em 2015.

A implementação de lojas físicas é esperada de franquias, de varejistas globais que aportam por aqui, de redes regionais indistintamente. Agora, segundo a feira de tecnologia que ocorre paralelamente ao congresso do NRF, as lojas ficam mais tech. Por exemplo, sistemas aplicados ao chão de loja geram maior entendimento do comportamento do consumidor no ponto de venda.

Questões do Brasil

Diante dos desafios dos novos entrantes estrangeiros, com elevado nível de eficiência e atendimento, e de todas essas tendências globais, o que o varejo brasileiro pode fazer?

Na visão de Honório Pinheiro, presidente da Confederação Nacional de Dirigentes Lojistas (CNDL), a ordem é focar sobretudo a profissionalização – particularmente no pequeno varejo, que são 98% das empresas (empregam até 13 pessoas).

A boa notícia é que isso parece já estar acontecendo. "Em nosso grupo no NRF, tínhamos muitos pequenos varejistas

que desejam estar em sintonia com as principais tendências."
Na adesão ao próprio NRF, os brasileiros são maioria entre as 80 delegações internacionais.

Cristina Franco, presidente da Associação Brasileira de Franchising, já credita aos esforços de profissionalização os bons números desse segmento no Brasil, que cresce (bem) acima do PIB ano a ano – as franquias aumentaram 7,7% em 2014, atingindo um faturamento de R$ 127 bilhões.

Rui Botelho, diretor da firma de consultoria PwC no Brasil, já percebeu a movimentação dos brasileiros em relação às tendências globais. Desde o fim do NRF, vem fazendo várias reuniões guiadas pela pergunta: "Como maximizo minha produtividade e aumento a rentabilidade, a fim de liberar verba para inovação?". De acordo com Botelho, "nosso mercado quer, de fato, pôr em prática o que viu lá".

> **O varejo nacional investe apenas 1,4% de sua receita em tecnologia, enquanto o norte-americano investe 6,7% só em serviços de internet**

Ainda há, é claro, uma diferença sensível entre discurso e prática. Pesquisa do Gartner Group indica que o varejo nacional investe apenas 1,4% de sua receita em tecnologia, enquanto o norte-americano investe 6,7% só em serviços de internet.

Também o desafio é maior no Brasil do que nos EUA, por causa de gargalos de infraestrutura, como o de uma banda larga lenta e instável, ou da legislação – um check-out descentralizado como o das Apple Stores dos EUA (em que o próprio vendedor fecha a compra em seu dispositivo móvel e envia a nota fiscal por e-mail para o consumidor, evitando balcão e filas) não pode ser feito em São Paulo, embora o Rio Grande do Sul o permita.

Seja como for, vários empresários do setor, como Altino Cristofoletti Júnior, já estão começando a fazer a lição de casa. À frente da Casa do Construtor, rede de franquias com 210 lojas pelo País, ele iniciou a integração dos canais de contato com o cliente, dando foco à estrutura do banco de dados. "Será esse manancial de informações que dará suporte para os funcionários da loja prestarem um melhor serviço na ponta", comenta.

Ele é um bom exemplo da profissionalização recomendada pela CNDL. "Como fazemos vendas consultivas, o fator humano é nosso maior ativo e precisa de todo o apoio possível: os dados confiáveis fornecidos pela tecnologia se somarão a nosso forte treinamento, a nossa universidade corporativa."

Quadro 2

Loja física = estratégia

Em Nova York, sede do NRF, a Urban Outfitters, loja de moda, abriga uma barbearia fashion, uma oficina de bicicleta, uma cervejaria e um quiosque de impressão de fotos publicadas no Instagram.

A tendência de reservar metros quadrados para atividades que não "vendem" dá a um crescente número de lojas um posicionamento diferenciado e cria valor para o negócio, embora não gere receita. A afirmação é de Alexandre Van Beeck, diretor de consultoria da GS&MD – Gouvêa de Souza.

O valor se traduz em comentários positivos (na web e fora dela) e na percepção do consumidor. "A loja se desconecta da relação puramente preço-produto e passa a ter mais relevância para o cliente", aponta. Mas isso requer revisão do pensamento estratégico, porque o chão de loja não é barato e a busca pelo retorno sobre o investimento é implacável.

Para Sérgio Herz, CEO da Livraria Cultura, o papel da loja agora é estratégico: engajar o consumidor com a marca. Isso explica por que, apesar de a receita de seu e-commerce aumentar 70% ao ano, ele segue investindo em lojas.

Rodrigo Dias, multifranqueado da rede de cosméticos O Boticário em Goiânia, com 40 lojas, concorda: "A loja precisa entregar algo mais para merecer a visita".

Código de barras X etiqueta RFID

A etiqueta RFID (sigla em inglês de identificação por radiofrequência), substituta do código de barras, é o oxigênio da rede de loja de departamentos norte-americana Macy's. Essa declaração, feita pelo presidente da empresa, Terry Lundgren, no NRF, fez Regiane Romano, diretora da Vip Systems e uma das pioneiras do RFID no Brasil, vibrar.

O exemplo do uso por corporações de referência como Macy's, Calvin Klein e JCPenney, somado à queda de custos, deve estimular a adoção do RFID no mundo todo, incluindo o Brasil. Hoje, os cases envolvendo RFID aqui são escassos. "Os empresários ainda resistem em investir, pois não têm ideia dos benefícios para o controle da oferta e do estoque e de quanto deixarão de perder", comenta Romano.

Exceção, a rede Óticas Carol investiu em RFID. Em implantação há dez meses, a primeira fase do projeto já melhorou a gestão da informação, reduzindo perdas e o tempo de estoque, das antigas oito horas para quarenta minutos. A segunda fase, ainda por se iniciar, deve gerar informações mais analíticas sobre a performance da loja e das peças.

Quero ser encantado!

Carlos Eduardo Oshiro se dedica a ensinar a encantar clientes. Em Manaus (AM), ele dirige a Escola de Atendimento, voltada para capacitar colaboradores de companhias de varejo e serviços. "Todas as empresas possuem metas de faturamento, mas pouquíssimas têm metas de encantamento", diz, disposto a mudar o quadro.

Encantar clientes não é algo vago, e sim um processo bem definido, no qual se pontuam diferentes procedimentos, fazem-se análises do ponto de venda e da percepção dos clientes e se dão feedbacks regulares às lojas. Seis empresas de Manaus já estão certificadas em encantamento pelo método implantado por Oshiro – elas atingiram 80% da pontuação durante três meses em pesquisa de recomendação e cliente oculto.

A maior varejista da região, a Bemol, de móveis e eletrônicos, está se certificando agora. Apesar de suas 20 lojas físicas, ela iniciou o processo pelos setores de e-commerce, call center e logística (motoristas dos caminhões de entrega).

Quero com a minha cara!

"One size fits none" (um tamanho não serve a ninguém). Esse é o lema da marca Normal, que fabrica fones de ouvido personalizados. A loja foi aberta no fim de 2014 em Nova York, EUA, e vende apenas esse produto, feito com as medidas da cavidade auricular do consumidor por impressoras 3D.

A customização é uma forte tendência do varejo para engajar os clientes e está muito ligada também ao uso de analytics. Se a impressão 3D ainda está distante do varejo brasileiro, o uso do big data não. Prova disso é o programa de fidelidade Clube Extra, do Grupo Pão de Açúcar, que, em dez meses de existência, já tem dados de cinco milhões de pessoas e os usa para aumentar a frequência de visitas dos clientes às lojas, segundo Adriano Araújo, CEO no Brasil da empresa de ciência do consumidor Dunnhumby.

Outra prova inegável, o e-commerce Netshoes também usa dados com a ajuda do programa CRM para personalizar suas ofertas – cada visitante encontra uma vitrine personalizada para si na tela (ou telinha), como conta o CEO Márcio Kumruian.

Modelos replicáveis

por Florencia Lafuente, colaboradora de HSM Management

Por que algumas empresas conseguem excelentes resultados em certas iniciativas, mas não são capazes de reproduzi-los? Chris Zook, sócio da firma de consultoria Bain & Company, diz que descobriu a resposta.

Quando tem oportunidade de falar sobre as estratégias que as empresas adotam, Chris Zook não se faz de rogado – especialmente, se for para discutir as razões do sucesso e a possibilidade de ele ser mantido. Há mais de vinte anos esse economista de formação vem realizando pesquisas para determinar com a maior precisão possível as razões que levam algumas companhias a conquistar esse objetivo invejável, enquanto outras apenas cumprem suas metas.

Na visão de Zook, sócio da firma de consultoria Bain & Company e responsável pela área de estratégia global, a razão de um sucesso permanente reside na diferenciação, característica única com que uma organização pode estar à frente da concorrência.

Para o consultor, é preciso evitar as armadilhas da complexidade e da diversificação, focar decididamente o negócio central da empresa e construir, em torno dele, um modelo replicável. As estatísticas parecem confirmar esse pensamento: uma de suas pesquisas mais comentadas demonstra que nove em cada dez companhias que apresentaram desempenho superior por pelo menos uma década se concentraram em seu principal negócio e não diversificaram sua atividade.

Modelo replicável

O estudo foi realizado no início de 2011 – a amostra atingiu cerca de 400 executivos dos Estados Unidos, da Europa e da Ásia. "Notamos que as empresas que simplificavam a complexidade por meio de um grande modelo replicável estavam mais bem posicionadas para vencer no novo ambiente de mudanças vertiginosas em que estamos vivendo", afirma Zook. Assim, ele conta que se propôs a confirmar essas hipóteses por meio de uma pesquisa que levou três anos e cujos resultados mais importantes foram publicados pela *Harvard Business Review* e constam no livro que seu colega James Allen e ele escreveram: *Repeatability*.

Entre as descobertas resultantes desse estudo, Zook afirma que suas hipóteses foram confirmadas. Ele descreve que algumas descobertas podem ser sintetizadas da seguinte maneira: a complexidade interna, e não a falta de oportunidades externas, é o que atrasa o crescimento corporativo.

Setenta e sete por cento dos executivos disseram que a complexidade interna, como a incapacidade de focar, é a principal inibidora do crescimento. Por outro lado, somente 15% colocaram ênfase na falta de oportunidades atraentes. Também aponta que o sucesso da estratégia está cada vez mais relacionado com a capacidade da empresa de se adaptar mais rapidamente do que os concorrentes. Setenta por cento dos respondentes assinalaram que, hoje, a melhor estratégia consiste em perceber a mudança e se ajustar a ela com muita rapidez. Ao mesmo tempo, 64% afirmaram que é preciso ganhar grande velocidade para se adiantar em relação aos concorrentes.

Quadro 1

A essência de um modelo replicável

1. Foco em um negócio central altamente diferenciado, com capacidades que possam se repetir em novos mercados.
2. Definição correta e consensual dos princípios de diferenciação.
3. Alinhamento de toda a empresa em torno de uma estratégia simples e clara.
4. Reprodução dos sucessos de uma área da empresa por toda a organização.
5. Comunicação fluida entre a diretoria e os funcionários da primeira linha.
6. Melhoria e adaptação contínuas como armas estratégicas.
7. Adequação do modelo de negócio para que esteja em condições de responder às mudanças.

Constatou-se, ainda, que as empresas de melhor desempenho entre as pesquisadas haviam instaurado, com o objetivo de crescer, um grande modelo replicável. Em termos de foco, essas companhias se alinham em torno de uma estratégia simples e clara. Além disso, reproduzem o sucesso de uma área da organização em outras e se comunicam de modo simples, porque os funcionários da primeira linha estão em sintonia com a diretoria no que tange à estratégia. São, ainda, empresas que se adaptam muito bem, já que capturam o aprendizado e estimulam a melhoria contínua. As empresas de desempenho inferior, por sua vez, estão muito ocupadas com batalhas diárias, o que as impede de tomar distância e adotar a perspectiva de longo prazo.

As empresas de melhor desempenho focam um negócio central altamente diferenciado, cujas capacidades podem ser aplicadas repetidamente. Também simplificam a comunicação entre os diversos escalões, modificam seu modelo de negócio para reagir aos principais desafios e transformam a arte da melhoria contínua em uma poderosa arma estratégica.

"Entender quais são os elementos críticos do sucesso gera clareza na organização", pontua Zook. "Como todos sabem quais são essas poucas coisas que têm de fazer bem, é mais fácil se mover com mais rapidez quando vem a mudança, porque só é preciso abordar essas coisas", diz. Entretanto, acrescenta: "Sabemos que há muitas companhias que não têm tão claro o que as torna únicas. A cada mudança externa precisam reinventar a roda e criam, assim, complexidade excessiva".

Cases de sucesso

Sua pesquisa revela que a probabilidade de conquistar crescimento sustentável aumenta consideravelmente quando as empresas constroem e implementam modelos replicáveis.

Uma organização com um grande modelo replicável consegue entender a essência de seu sucesso, repeti-lo e se adaptar a novos mercados ao longo do tempo.

"Para nossa pesquisa, estudamos dúzias de companhias nos últimos anos. Entre as que mais se destacaram posso citar a Nike, que foi capaz de repetir seu principal sucesso (com Michael Jordan usando tênis da marca e ganhando troféus) em muitos países, esportes e uniformes, e a Ikea, que desde os anos 1950 cria móveis a preços acessíveis na Suécia e vem repetindo seu modelo em todo o mundo."

Outro caso que Zook destaca é o da Olam, que começou a comercializar frutas secas da Nigéria em 1989 e depois reproduziu seu modelo "da granja à fábrica" em outros países e categorias de produtos. "Hoje, é líder global no negócio de frutas secas e outras commodities."

Os resultados da pesquisa revelam uma mudança fundamental na natureza da estratégia e da vantagem competitiva. No passado, a maioria das estratégias se parecia com um jogo de xadrez, com planos de longo prazo que tentavam antecipar as jogadas dos adversários. Na atualidade, a estratégia se parece mais com esqui em pista. "Em outras palavras, uma empresa define seu rumo geral, mas tem também de se adaptar e mudar o curso segundo a segundo."

Basta imaginar o Google fazendo um plano de cinco anos em 2006: seu atual concorrente, o Facebook, ainda era um pequeno empreendimento que lançava seu site naquele ano. O que mais é necessário para alcançar o sucesso replicável? "Penso que repetir os melhores sucessos implica entender profundamente suas causas, manter visão de 360 graus sobre a possibilidade

> ❝ Uma empresa define seu rumo geral, mas tem também de se adaptar e mudar o curso segundo a segundo ❞

de adaptação e ter certeza de que toda a organização compartilhe a estratégia e a diferenciação que permitiu alcançar tais sucessos."

Por tudo isso, Zook sugere que os gestores se certifiquem de seis pontos:

1. Toda a equipe de direção tem de estar em sintonia em relação à diferenciação atual e futura;
2. A primeira linha da empresa deve compreender realmente a estratégia;
3. A estratégia, brevemente planejada e escrita, precisa ser convincente para todos, incluindo clientes e investidores;
4. Os maiores acertos e erros nas últimas 20 decisões de crescimento têm de estar relacionados à diferenciação escolhida;
5. A estratégia precisa ser traduzida em alguns poucos pontos inegociáveis incorporados à rotina; e
6. Os indicadores de saúde mais importantes do negócio central devem ser revistos, sobretudo seus diferenciais.

Certamente, o negócio central pode mudar em algum momento. A questão é quando e de que modo. Ele cita novamente a Ikea, exemplo de estratégia que se pode captar em poucos princípios que todos compreendam e possam executar: "Criar uma vida melhor para muitas pessoas, oferecendo ampla gama de móveis que tenham bom design e sejam funcionais, a preços tão baixos que se tornem acessíveis para a maior quantidade possível delas".

Princípios inegociáveis

Um princípio inegociável é algo que todas as pessoas da organização devem seguir, segundo Zook. "Caso não sigam, a direção da empresa precisa se conscientizar do fato."

A maioria dos grandes modelos replicáveis tem aproximadamente dez princípios inegociáveis. Por exemplo, em 2009, Tim Cook, atual CEO da Apple, resumiu seus pontos inegociáveis da seguinte maneira:

Cremos que estamos na Terra para fabricar grandes produtos;
- Focamos a inovação constantemente;
- Acreditamos no simples, não no complexo;
- Consideramos que precisamos ser proprietários e ter controle das tecnologias primárias que sustentam os produtos que fabricamos;
- Somente entramos em mercados em que podemos fazer uma contribuição significativa;
- Achamos que é necessário dizer "não" a milhares de projetos para podermos focar os poucos que são realmente importantes e significativos para nós;
- Acreditamos na colaboração profunda e na polinização cruzada de nossos grupos. Elas nos permitem inovar de modo que seria impossível a outros;
- Não aceitamos nada que esteja abaixo do nível de excelência de cada grupo da empresa e temos honestidade suficiente para admitir que erramos e coragem para mudar.

Esses princípios estão arraigados em toda a organização e representam, para os 60 mil funcionários da Apple, um guia claro para a tomada de decisão operacional e estratégica.

"Pode parecer que os princípios inegociáveis geram inflexibilidade. No entanto, descobrimos o oposto: criam liberdade com base em um limite", explica Zook. Ele detalha que nas companhias que não têm princípios claros, tudo é discutível e tudo tem de ser definido e redefinido cada vez que alguém quer fazer algo. Por outro lado, os funcionários que trabalham com um conjunto claro

❝ Se um modelo replicável não é melhorado ou adaptado continuamente, deixa de ser relevante à medida que os concorrentes entram no tom ❞ de princípios inegociáveis têm liberdade para se mover, desde que não ultrapassem a fronteira. Assim, os executivos podem se concentrar em intervir nas poucas ocasiões em que os princípios inegociáveis entrarem em conflito ou em que seja necessário adaptá-los para reagir às mudanças.

Diferenciação da concorrência

Zook diz que em sua pesquisa descobriu que o aprendizado e a adaptação contínuos estão entre os fatores mais complicados do mundo dos negócios. Em primeiro lugar, as empresas que entendem bem esse processo conhecem profundamente as poucas partes essenciais de seu negócio, o que ele chama de "diferenciação central".

Além disso, procuram constantemente aperfeiçoar tais diferenciais, com frequência medindo-os e definindo metas de melhoria contínua. Também costumam ter o que ele denomina de "tabela de atualização", a qual a direção discute com regularidade.

A Vanguard é um exemplo disso. Líder norte-americana em fundos de investimento, regularmente compara a si mesma com seus concorrentes principais em indicadores como taxa de retenção de clientes, gastos e rendimento de fundos.

Na pesquisa, quase 80% dos gestores entrevistados acreditam estar claramente diferenciados em seu mercado principal, mas somente 8% dos clientes pesquisados sobre o tema pensam assim. Durante as últimas décadas, os psicólogos descobriram provas sólidas de um efeito chamado "viés de confirmação": os seres humanos tendem a buscar a confirmação de suas crenças, em vez de questioná-las.

Por essa perspectiva, não é de surpreender que muitas empresas, com centenas de produtos, milhares de funcionários, dúzias de capacidades e um constante ir e vir de executivos bombardeados por diversas distrações, tenham dificuldade para ver o que as diferencia e chegar a um acordo sobre esse ponto.

Para chegar ao conhecimento do que diferencia uma empresa e identificar quais habilidades de liderança são necessárias para o entendimento da verdadeira essência de sua vantagem competitiva, Zook expõe que os gestores deveriam começar a se formular algumas perguntas fundamentais e depois discuti-las com suas equipes. Por exemplo:

- Quais são nossas fontes principais de diferenciação?;
- Elas estão ganhando ou perdendo força?;
- Como sabemos que é assim?;
- Há concordância sobre esse ponto por toda a equipe de gestão?;
- Se não é assim, por que não?;
- Qual é nosso índice de sucesso quando estendemos nosso modelo replicável a novos mercados e situações?;
- Estamos satisfeitos com o resultado?;
- Em que se fundamentam nossos sucessos e nossos fracassos?

"Se um modelo replicável não é melhorado ou adaptado continuamente, deixa de ser relevante à medida que os concorrentes entram no tom", explica Zook. Segundo ele, "a adaptação é especialmente importante em setores que mudam muito rapidamente". E usa como exemplo a Nokia: "Talvez seja o caso mais claro de um modelo que foi replicável no passado, mas perdeu relevância porque não soube adaptar-se à era dos smartphones".

Razão de ser

por Viviana Alonso, colaboradora de HSM Management

A especialista de Harvard Cynthia Montgomery quer que os gestores mudem o modo de pensar em estratégia. Em entrevista exclusiva, ela pede que eles se façam perguntas fundamentais como: "Por que e para quem é importante nossa empresa?".

Muito pouca gente imaginaria que alguém que se dedicou por mais de duas décadas a ensinar estratégia de negócios na Harvard Business School, e por seis anos esteve à frente de um curso muito popular entre donos de empresas e altos executivos, o programa Owner, President, Manager (OPM), poderia se interessar profundamente por filosofia.

No entanto, quando se considera que "filosofia" significa amor pelo conhecimento, não surpreende que tenha influenciado a maneira inédita como Cynthia Montgomery aborda sua disciplina, com foco em pessoas, em vez de fatos e números. Ela afirma que a estratégia é um sentimento e questiona os que assessoram as empresas utilizando apenas ferramentas analíticas.

Autora do livro *O Estrategista: Seja o Líder de que Sua Empresa Precisa*, Montgomery propõe uma nova perspectiva da estratégia em seu estudo, que vem de seus conhecimentos de filosofia, "mais especificamente do existencialismo, corrente que trata da condição humana e do significado da vida, baseada na ideia de que a existência nos é dada, mas nossa essência não", conforme explica. "Portanto, como indivíduos, precisamos definir o que somos – e o que nos define são as escolhas que fazemos."

Esse ponto de vista também vale para as empresas: as decisões fundamentais que os líderes tomam são aquelas que definem sua identidade. "Ao analisar estratégias econômicas, percebi a ligação entre o que devem fazer os líderes de uma empresa e o que fazemos em nossa vida", afirma.

> **As decisões fundamentais que os líderes tomam são aquelas que definem sua identidade**

Seu ponto de vista também foi influenciado pelo curso que ministrou em Harvard, destinado a donos de empresas, altos executivos e empreendedores, o OPM.

Liderança no dia a dia

Montgomery afirma que aprendeu muito com esses líderes. De maneira geral, eles nunca estavam muito animados, pois estratégia é uma ideia abstrata. Ela então decidiu se concentrar em explicar que não são as empresas que tomam as decisões, mas seus líderes. Segundo ela, o líder tem a responsabilidade de levantar perguntas fundamentais: "Quem somos?", "Por que e para quem nossa empresa é importante?", "Que contribuição pode dar?".

Em outras palavras, em vez de começar pelo setor de atividade e analisar o que a concorrência faz, para pensar em como se diferenciar, o que deve prevalecer é o esforço de compreender os clientes, identificar suas necessidades e desejos, e então planejar como satisfazê-los. Porque isso dá à empresa um propósito, uma razão de ser – e a estratégia trata disso.

Sendo assim, o líder da empresa é o principal estrategista, porque tem a responsabilidade geral pelo negócio. Claro, também há espaço para especialistas em estratégia e analistas, que ficam encarregados de fornecer informações a esse líder, para fundamentar suas decisões.

Um cuidado que os líderes precisam tomar, por sua vez, é evitar o perigo do supergestor. "Refiro-me às pessoas que tiveram sucesso em tudo o que empreenderam e, por isso, dizem: 'Eu posso tudo, sem limites'. Elas representam o perigo do excesso de confiança. Tendem a se concentrar no que podem controlar e a ignorar ou subestimar o que está além de seu controle", afirma.

Para ser um bom gestor, acredita Montgomery, o líder precisa seguir as recomendações do especialista em estratégia Michael Porter: identificar as forças competitivas do setor de atividade em que a empresa atua, manter-se informado sobre o contexto e as forças que o impulsionam (a fim de assegurar que a estratégia esteja em consonância com essas forças) e mudar a estratégia, quando necessário, para ter êxito.

A vez dos clientes

Em paralelo, os olhos devem estar sempre voltados para os clientes. Para descobrir o que eles querem, o primeiro passo é conhecê-los intimamente: quem são e quais suas necessidades. "Há grandes empresas – a Apple, por exemplo – que definem as necessidades e desejos dos clientes antes que eles próprios saibam", afirma Montgomery. "Isso porque não se trata apenas de perguntar o que querem e fazer a entrega. Também é preciso entender seu contexto: o que é importante para eles e qual o valor que dão a isso."

Depois, acredita, é preciso se ocupar de quem dará respostas a essas necessidades, ou seja, os concorrentes: o que estão fazendo bem? O que não fazem direito?

O passo seguinte, ligado ao propósito da empresa, é perguntar o que o negócio pode levar aos clientes. "Talvez o líder tenha de desenvolver novas habilidades para se concentrar em diferentes tipos de necessidades que hoje não consegue satisfazer", diz.

Finalmente, há que se identificar algo diferenciador, uma contribuição da empresa para os clientes que se mostre indispensável. Nesse caso, é fundamental haver um limite para o propósito e a contribuição. "Se você for excessivamente ambicioso ou se expressar de maneira ampla demais, não servirá de guia para a ação", afirma.

Um bom exemplo de empresa com um propósito bem delimitado, para a pesquisadora, é a Ikea. "Gosto muito da história da Ikea, porque mostra que, apesar de muitas empresas atuarem no setor de decoração, quase todas tinham estratégias semelhantes e geravam baixos retornos. A Ikea, por sua vez, se propôs desde o início ser líder em móveis de qualidade, com belo design e preços acessíveis. Com essa decisão, ela cumpriu o propósito de sua estratégia: 'Oferecer às pessoas uma vida melhor todos os dias'. E o fez de maneira viável. Converteu isso no que chamo de 'propósito econômico', porque soube como implementá-lo. Foi além da declaração ao demonstrar, de modo convincente, que podia satisfazer uma necessidade real das pessoas."

A Ikea, portanto, foi capaz de executar sua estratégia de modo eficaz. "Mas, se a estratégia não for claramente expressa pelo líder e por sua equipe, ninguém da organização saberá como se alinhar com o propósito, nem como agir. Por isso, insisto que é preciso deixar de lado a ideia da estratégia como algo abstrato e pensar nela como a força econômica de toda a empresa."

Oportunidades e crises

Para evitar a tentação de fazer tudo para todos, a recomendação de Montgomery pode soar estranha. Mas ela afirma que o líder precisa estar disposto a deixar passar algumas oportunidades, ainda que à custa de perder faturamento no curto prazo. "Se o cliente não receber algo diferenciado, ele perderá o interesse."

Por outro lado, falta um grande esforço de estratégia corporativa para diversificar o portfólio com novos produtos, explica, pois há muitos desafios para enfrentar na diversificação, entre eles o de manter a vantagem competitiva.

"A Ikea, por exemplo, expande-se geograficamente, mas mantém o mesmo modelo; essa é uma forma barata de se diferenciar, em vez de adotar a diversificação de mercado – a menos que a diversificação, claro, possa ajudar determinada empresa, negócio por negócio, a ser melhor do que seria em apenas um segmento", acredita.

Para Montgomery, porém, Steve Jobs não foi um grande estrategista. Na verdade, aprendeu a sê-lo muito lentamente, segundo a pesquisadora. "No começo, conseguiu tudo o que se propôs, e isso o tornou um supergerente. Não levou em conta as forças de seu setor de atividade, nem reconheceu quão poderosas eram, quando 90% dos lucros estavam concentrados com a Microsoft e a Intel. O iMac fracassou sob seu comando e ele não entendeu por quê. Saiu da Apple e fundou a NeXT, onde também controlava tudo, sem limite algum, e repetiu os mesmos erros. Teve sucesso na Pixar porque foi um bom negociador, mas, no final, perdeu muito dinheiro", afirma.

Ela acredita que Jobs aprendeu a ser um estrategista em sua segunda passagem pela Apple. E mostrou isso pela primeira vez em um discurso em que disse: "Isso é o que vamos ser; isso é o que importa". Colocou o propósito da empresa em destaque e depois, como todos viram, levou esse propósito a cabo. "Aí sim podemos citá-lo como um exemplo fabuloso de ação deliberada", afirma.

Ao contrário do que parece, construir uma vantagem competitiva de longo prazo não é tão simples. Quando se fala em estratégia, a impressão é a que basta uma estratégia

❝ Se a estratégia não for claramente expressa pelo líder e por sua equipe, ninguém da organização saberá como se alinhar com o propósito, nem como agir ❞

brilhante para garantir o sucesso. Mas isso não acontece, principalmente porque o entorno muda. "Em alguns casos, trata-se apenas de evoluir de modo que a estratégia continue comprovando sua capacidade de liderança; em outros, porém, é necessário dar um passo atrás e repensar o que se está fazendo: pode ser fazer o mesmo, mas melhor, ou fazer algo diferente, que agregue valor para os clientes. Os líderes têm de pensar na empresa em profundidade e se perguntar: 'Ainda somos importantes?'. A estratégia deve ser dinâmica", explica.

Quadro I

O caso Lance!

Um dos exemplos de estrategistas que Cynthia Montgomery cita em seu livro sai do Brasil: Walter de Mattos Jr. Trata-se do jornalista que, em 1997, fundou o Lance!, de início um jornal diário especializado em esportes que circulava em duas cidades e que logo se tornou um veículo de comunicação com versões para revista, TV, celular e internet, ganhando alcance nacional e se convertendo em referência na área. Embora tenha atravessado ao menos uma crise muito séria, nos últimos cinco anos registrou taxa de crescimento bastante elevada para o padrão do setor.

Conforme Cynthia, o estrategista Mattos tem um propósito, uma razão de ser: quer ser a principal fonte de notícias esportivas do Brasil, 24 horas por dia, por meio de vários suportes de mídia. Para isso, trabalha com elementos que se reforçam mutuamente: jornalistas fornecem conteúdo exclusivo para uma variedade de plataformas, o que aumenta o público. Quanto mais clientes, mais anunciantes – regionais e nacionais. A profundidade e a amplitude com que é feita a cobertura de futebol, somadas ao tamanho da circulação, funcionam como barreiras de entrada a concorrentes. E, para concentrar recursos em seus pontos fortes e administrar os custos, ele terceiriza o design e a distribuição.

Mattos fica reavaliando se essas partes do sistema funcionam individualmente e em sincronia, com base em três métricas: leitores estimados por semana, número de visitantes no site e custo por matéria (dividindo a conta pelas várias plataformas).

Agora, com a Olimpíada de 2016 no Brasil, e novos players ameaçando seu êxito, será que Mattos mudará a estratégia? Cynthia garante que ele continua testando suas hipóteses – percebeu, por exemplo, que os leitores da internet acessam sete ou oito veículos de comunicação no intervalo de dez minutos –, mas está resistindo a mudar a estratégia de informação exclusiva, porque é sua razão de ser. Ele prefere fazer ajustes finos em finanças, tecnologia e recursos humanos a mexer no diferencial.

No Brasil, o jornalista Mauricio Stycer, que lançou, em 2009, o livro *História do Lance!* (ed. Alameda), concorda que Mattos é "um empresário atento ao mercado, inquieto e pronto a responder a sobressaltos", embora mantenha um lado de "velho homem da imprensa".

Mudança inspirada em Paulo Freire

por Vicente Gomes, consultor de empresas e autor de *Liderança para uma Nova Economia*, publicado com exclusividade em HSM Management.

A Mercur, conhecida fabricante de borrachas do Rio Grande do Sul, renunciou ao lucro como único indicador de sucesso em nome de resultados melhores no futuro. Seu líder, Jorge Hoelzel Neto, vem fazendo os trade-offs necessários, como conta o consultor Vicente Gomes.

Você, gestor, já imaginou fazer uma mudança radical em uma empresa quase centenária, bastante tradicional, com 550 funcionários e navegando no azul? É o que está acontecendo, de 2008 para cá, com a gaúcha Mercur, que produz artefatos de borracha tão variados quanto pisos, revestimentos e bolas em Santa Cruz do Sul (RS).

Um dia, em 2008, Jorge Hoelzel Neto, integrante da terceira geração da família no comando dos negócios, principal executivo da empresa desde 1991 e que hoje se denomina seu "conselheiro", teve uma espécie de revelação, derivada de sua prática espiritual: sua empresa não estava no caminho certo. O empresário se deu conta de que as organizações em geral, e a sua integrava o grupo, "olhavam apenas para o próprio umbigo", esquecendo seu dever primordial de servir as pessoas – e, assim, tornavam-se reféns de seu capital.

Com as irmãs, que o apoiaram, resolveu reescrever essa história, estimulando clientes, fornecedores e funcionários a integrar uma cadeia de produção e consumo sustentável e benéfica para o planeta. Em 13 de julho de 2009, a proposta de mudar foi anunciada à comunidade de funcionários reunidos no auditório de um colégio próximo à sede da empresa.

Hoelzel, suas irmãs Débora e Flávia e o braço direito deles na operação da Mercur, o diretor Breno Strussmann, disseram: "Queremos o mundo de um jeito bom para todos. Ter produtos que levem bem-estar. Praticar a sustentabilidade em relação às pessoas. Atuar em mercados éticos, que valorizem a vida". Poderia ser apenas mais um discurso motivacional para funcionário ver – e um futuro discurso de marketing para os consumidores finais. Mas não está sendo.

Hierarquia acaba

Em 2011, veio a primeira decisão da Mercur, que marcou o que ficou conhecido internamente como a "virada de chave": eliminar os chefes. Os cinco diretores foram rebatizados de "facilitadores" e sua principal função passou a ser abrir os caminhos para a implantação dos propósitos direcionadores da companhia.

O que substituiu a chefia? Cada uma de suas áreas – suprimentos, logística, vendas, impacto no meio ambiente etc. – passou a ser coordenada por colegiados de 24 funcionários, que dariam sustentação às operações da empresa.

Eliminado o "mandar e obedecer" característico das hierárquicas organizações atuais, cada pessoa da Mercur começou a ter de definir as próprias tarefas todos os dias, fazendo-o de maneira a complementar as tarefas do grupo e se relacionando com os colegas em um aprendizado de respeito e tolerância. Para apoiar a reorganização, a empresa foi procurar os ensinamentos da *Pedagogia do Oprimido*, de Paulo Freire, que propõe um ambiente escolar muito semelhante ao novo ambiente sem hierarquias da Mercur.

> **Para apoiar a sua reorganização, a Mercur foi procurar os ensinamentos da *Pedagogia do Oprimido*, de Paulo Freire**

A empresa fechou, então, um acordo com o Instituto Paulo Freire, de São Paulo, e aplicou uma espécie de versão empresarial de sua filosofia a um grupo de 100 funcionários, incumbidos de levar o conhecimento aos colegas. O programa educacional e a adaptação ao empoderamento duraram um ano e não foram à prova de tropeços. "Teve gente que pensou: 'Bem, agora não tem chefe, não preciso trabalhar todo dia'. E não vinha para a empresa", relembra

Quadro 1

Fatos da Mercur

Fundada em 1924 por Jorge e Carlos Hoelzel, descendentes de imigrantes alemães, para produzir artefatos de borracha que consertavam pneus. Sociedade anônima, não listada em bolsa, teve receita em 2013 de R$ 110,8 milhões e Ebitda de R$ 6,9 milhões. A fábrica tem 550 funcionários e produz 1,5 mil itens para o consumidor final, de prática de esportes e saúde, como bolas de exercício, bolsas térmicas e muletas. No segmento B2B, oferece soluções customizadas, como lençóis de borracha, pisos especiais, imobilizadores etc.

Hoelzel. Outros desabavam, desorientados sobre como agir. "O que fazíamos era pegar os funcionários em crise pela mão, conversávamos, explicávamos que nossa proposta era de uma nova leitura de vida", conta o empresário. Mesmo assim, alguns não se identificaram com as transformações e deixaram a companhia.

Os propósitos direcionadores

Os colegiados de cada área passaram a ter iniciativas e tomar decisões com base em cinco propósitos direcionadores:

1. reduzir imediatamente 30% de insumos não renováveis e, nos produtos da linha de bem-estar, comprometer-se a usar só insumos renováveis;
2. construir novos modelos de negócio que maximizem ocupação e renda, beneficiando a população local;
3. não ter, em curto prazo, qualquer produto em portfólio que exija testes com organismos vivos em qualquer etapa do processo produtivo;
4. não fazer negócios com indústrias de tabaco, de armamentos, de jogos de azar ou cujas cadeias impõem maus-tratos a animais;

5. reduzir, ano após ano, a diferença entre o salário mais alto e o mais baixo. Inspiradas nesses direcionadores e apoiadas pelos facilitadores, várias iniciativas dos funcionários vêm implementando a mudança.

Quadro 2

Propósitos, cultura e organização

5 Propósitos
- O propósito maior da empresa é para com a Terra e a sociedade.
- O sucesso tem várias dimensões e atende múltiplos stakeholders.
- Há metas claras de diminuição de insumos não sustentáveis.
- Criamos novos modelos de negócio para maximização da ocupação e renda de trabalhadores.
- Respeitamos todas as formas de vida.

6 Ênfases culturais
- Cuidado das pessoas como estratégia de sustentabilidade.
- Valorização da vida.
- Compaixão e atuação ética.
- Diálogo como instrumento de coordenação.
- Respeito e tolerância.
- Autonomia e protagonismo.

8 Mudanças organizacionais
- Redução drástica da hierarquia.
- Escolha de setores de atuação e parceiros conscientemente coerente com o propósito.
- Colegiados organizados por setores da empresa e facilitadores corresponsáveis.
- Diminuição da diferença entre o maior e o menor salário na empresa.
- Incentivo variável coletivo baseado no resultado global da empresa.
- Cadeia de valor sustentável.
- Marketing consciente.
- Uso de materiais naturais e sustentáveis.

Novas parcerias

O óleo de mamona, matéria-prima empregada na produção dos artigos da Mercur, sempre foi levado de São Paulo para o Rio Grande do Sul para suprir a demanda de cerca de 80 toneladas por ano. Como se trata de um vegetal relativamente comum e de plantio descomplicado, os funcionários empoderados da Mercur pensaram: "Não seria o caso de termos produtores locais plantando mamona? Assim, eles poderiam deixar de plantar tabaco".

Santa Cruz do Sul é conhecida como a capital nacional do fumo, onde a cultura do tabaco responde por cerca de 80% da economia local. "Contatamos o Movimento dos Pequenos Agricultores e perguntamos se plantariam mamona. Então, pedimos à Universidade de Santa Cruz do Sul que desenvolvesse um óleo de mamona adequado a nosso consumo industrial, que é o que está acontecendo agora. Nessa cadeia de valor, a Mercur entrará como compradora", conta Hoelzel.

Reajustes internos

A avaliação do desempenho dos funcionários começa a amadurecer na Mercur, e outras medidas estão sendo tomadas. Foram criadas faixas salariais e, a cada data-base, as camadas mais baixas recebem reajustes maiores. Também se estruturou a participação nos lucros, que pode render até um salário e meio a mais por ano. Ainda foi proposto um programa intensivo de promoções: a Mercur hoje praticamente só recruta novos funcionários para o chão de fábrica; as demais posições são preenchidas por talentos internos. Outro ponto enfatizado pela Mercur é que não se planejam demissões na empresa. "O que estamos montando é para todos nós; se fizermos direito, o benefício voltará para todos", explica Hoelzel.

Mudanças radicais

Imagine-se rejeitando clientes não porque não sejam lucrativos, mas porque não são adequados aos propósitos da empresa. A mudança da Mercur já chegou a esse ponto. Ela vem revendo os contratos e, quando julga necessário, descontinua linhas de produtos que não correspondem aos novos anseios, diminuindo a receita.

Um episódio marcante da nova fase ocorreu ainda em 2009, após a "virada de chave". Havia alguns anos, a Mercur vinha pesquisando a fabricação de uma nova esteira de material atóxico para linhas de produção, alternativa à esteira de PVC, por encomenda de um cliente da indústria do tabaco que havia sido advertido pela Agência Nacional de Vigilância Sanitária (Anvisa). Formulação pronta, mercados promissores se abrindo no horizonte, a Mercur refletiu: "Esse lucro que financiaria nosso bem-estar particular viria do mesmo fumo que provoca câncer". A empresa procurou o cliente e avisou: não produziria a esteira. "Precisamos explicar muitas vezes que agíamos em favor das pessoas, mas acho que o pessoal da indústria do tabaco entendeu", diz o empresário.

> **Imagine-se rejeitando clientes não porque não sejam lucrativos, mas porque não são adequados aos propósitos da empresa**

Meses depois, surgiu outra situação de trade-off. Uma montadora, depois de vencer licitação para a venda de veículos para a Organização das Nações Unidas (ONU), procurou a Mercur para produzir uma peça que deveria servir de apoio para atiradores. Um funcionário do chão de fábrica questionou a finalidade da produção e a encomenda não foi fechada.

O leitor pode argumentar que, tanto no caso da esteira como no da peça para o veículo, tratava-se de receita não realizada, algo de que, em teoria, é mais fácil abrir mão. Difícil mesmo seria renunciar a ganhos correntes e polpudos, não? Mas a Mercur fez isso também. Ela licenciava produtos com personagens adorados pelas crianças, como Barbie e Moranguinho, e seus funcionários se deram conta de que não fazia sentido a mesma borracha escolar custar o dobro só porque tinha a imagem da Barbie. "Nós nos perguntamos: queremos conviver com isso?" A reflexão coletiva resultou na ruptura dos licenciamentos – e, aí, sim, em uma queda de receitas.

Futuro

A transformação da Mercur teve início em um tempo de grande prosperidade financeira – os anos 2010 e 2011 foram ótimos para a companhia. No entanto, a lucratividade da empresa finalmente começou a ser afetada pelas medidas tomadas e, no final de 2012, ela foi obrigada a se perguntar: "Se já não entra tanto, o que pode deixar de sair?". Cortaram-se, por exemplo, investimentos em áreas que parecem não mais fazer sentido no novo modo de operação, como as dispendiosas feiras de papelaria em grandes centros. É uma prova de fogo, mas o discurso do CEO Hoelzel é de confiança no futuro, amparado pela certeza de estar investindo no que será a economia do futuro. Como ela será? Ainda não se sabe ao certo, mas vai se basear em relacionamento, inovação, uso eficiente de recursos e sustentabilidade.

Quadro 3

Conversa com Jorge Neto, conselheiro da Mercur

Houve momentos em que vocês pensaram em desistir das mudanças?

Nunca pensamos em desistir, mas em várias ocasiões precisamos fazer ajustes de velocidade, porque entendemos que cada pessoa tem seu tempo. Se quisermos andar todos juntos, o que é fundamental em nosso propósito, precisamos nos adequar a essas velocidades. Além disso, quem atua em função de seus propósitos, sem o oportunismo das situações momentâneas, dificilmente conseguirá mudar de rumo ou voltar as costas para aquilo em que acredita.

A mudança acabará ou é contínua?

Operar com paradigmas que valorizam a vida acima de qualquer outra oportunidade situacional é um processo contínuo de evolução sem data para terminar nem objetivo a atingir.

O que fornecedores e clientes pensam dessa mudança?

Os parceiros vão se engajando à medida que seus propósitos se encontram com os nossos. E é isso mesmo o que queremos: atuar com parceiros cujos propósitos se identifiquem com os nossos, sem que eles abram mão de sua identidade.

Como a mudança avança este ano?

Estamos na fase de experimentações, trabalhando em muitos projetos "incubados". Estamos criando um laboratório de inovação social, que terá um espaço físico aqui na sede da empresa, mas também vai fazer atividades itinerantes. Seguimos fortalecendo nossa teia de aprendizados por meio de muito relacionamento.

A mulher que aposta alto

por Florencia Lafuente, colaboradora de HSM Management

Angela Ahrendts levou a Burberry das capas de chuva glamourosas ao cume do mercado de luxo orientando seu negócio para o público jovem, capitalizando o poder do mundo digital sem ser infiel à história da marca, como mostra esta reportagem.

Um almoço de três horas e um guardanapo – Angela Ahrendts não precisou mais do que isso para definir o rumo estratégico da Burberry, a companhia de moda britânica fundada em 1856 por Thomas Burberry, quando ele contava pouco mais de 20 anos de idade. Estava à mesa com Christopher Bailey, diretor de criação da histórica marca e amigo de Angela desde que trabalharam juntos na nova-iorquina Donna Karan, na década de 1990.

> **Com a missão de revigorar a marca britânica de vestuário e acessórios e expandir sua operação e oferta de produtos, a CEO Angela Ahrendts apostou na história e na identidade da Burberry, construídas ao longo de 150 anos**

Em janeiro de 2006, ela se mudou para Londres para assumir a posição de CEO da empresa que representa a quintessência da identidade britânica. Sua missão: conferir novo espírito à grife, expandi-la geograficamente e ampliar seu leque de produtos. A executiva acabou fazendo mais do que isso. Transformou a Burberry em um estilo de luxo global e jovem, tomando o caminho oposto à rota trilhada por conglomerados europeus como o LVMH (Louis Vuitton, Fendi e Kenzo), o Prada (Church's e Miu Miu) e o PPR (Gucci, Bottega Veneta e Yves Saint Laurent), cujas estratégias de crescimento foram alicerçadas em aquisições e na sinergia entre companhias.

Angela se inspirou na gigante norte-americana Ralph Lauren, a maior fabricante de roupas finas do mundo, que soube levantar seu império se mantendo fiel a suas raízes.

Novos rumos

"A decisão de cancelar as franquias e recuperar as operações nos uniu em torno da marca e, além disso, contribuiu

Quadro I

A dama das capas de chuva

No guardanapo, a CEO escreveu a estratégia da empresa para cinco anos, embasada em três conceitos-chave:
- Depurar e simplificar a mensagem da marca, concentrando-se nas famosas capas de chuva de gabardine criadas por seu fundador, símbolos de diferenciação da companhia;
- Desenvolver presença digital;
- Voltar-se para um consumidor mais jovem.

A visão tecnológica de Bailey ajudou a colocar a Burberry na vanguarda digital e aproximá-la das novas gerações. Seu plano se apoiava em cinco pilares:
- Extinguir o sistema de franquias;
- Orientar a empresa para o varejo;
- Impulsionar a divisão de acessórios;
- Desenvolver mercados promissores pouco explorados pela grife;
- Alcançar excelência operacional.

para converter a Burberry na rede varejista que tanto desejávamos", disse Angela.

A companhia britânica de mais de 150 anos enfrentava um período de estagnação quando A CEO assumiu o comando em substituição a Rose Marie Bravo, também norte-americana. Bravo havia elevado a fabricante de capas de chuva à categoria de nome da moda, principalmente explorando à exaustão seu famoso padrão escocês de listas marrons, pretas e vermelhas, que se tornou uma espécie de manto que a tudo cobria: guarda-chuvas, carteiras, cachecóis, saias e lenços. Era também um emblema dos novos ricos.

Em 2006, as operações franqueadas representavam apenas 20% do faturamento total da empresa. Em 2011, representou mais do que 60%. Algo parecido se deu com a unidade de acessórios, que saltou de 20% para 40% do faturamento.

Angela retrocedeu e mergulhou, com Bailey, nos arquivos da companhia para trabalhar em novos designs a partir de ícones históricos desenvolvidos um século antes. Uma das imagens resgatadas foi a do cavaleiro andante, logomarca que havia sido registrada em 1901. O ícone transformou em sucesso imediato a nova linha de carteiras da edição de aniversário que a CEO lançou logo que assumiu o cargo. As carteiras foram vendidas a US$ 2 mil cada uma e o faturamento foi recorde. Porém, nem tudo foi voltar à estaca zero.

Ela também continuou e aprofundou o plano que Rose Marie havia posto em execução pouco antes de deixar a empresa: o processo de compra e fechamento das diversas franquias espalhadas pelo mundo. O problema era que as franquias haviam tirado da matriz o controle sobre sua imagem, uma vez que os franqueados podiam afixar a etiqueta Burberry a seus próprios produtos, não importando a qualidade e o design.

Passarela digital

Recém-chegada ao setor de luxo, mas experiente na gestão de grandes empresas varejistas de moda, Angela representa a combinação perfeita entre visão comercial e capacidade criativa. Desde 1981, ela havia trabalhado para o Grupo Warnaco (distribuidor de Calvin Klein e Speedo), Donna Karan, Liz Claiborne e para a exclusiva Henri Bendel, do conglomerado Limited Brands (Victoria's Secret e La Senza).

Na Burberry, reformulou a cadeia de fornecimento e o sistema de TI para tornar processos mais eficientes e reduzir custos. Em seu segundo dia de trabalho, para resolver os gargalos da cadeia, a CEO mandou reduzir em 30% a quantidade de artigos que cada divisão fabricava. De 2006 para cá, extinguiu 35 categorias de produtos, em sua maioria aqueles que haviam tido excesso de exposição. Ela também apostou fortemente no mundo digital e nas redes sociais de internet como fundamento de sua estratégia de marketing.

Equipou seus vendedores com iPads, montou um site de e-commerce e transmitiu cada desfile em 3D pela web, o que lhe garantiu dez milhões de seguidores no Facebook. Por fim, em seu desejo de gerar uma mensagem de marca que contivesse a identidade britânica, transportou os clássicos desfiles da temporada de Milão para Londres e fez da Burberry a estrela do evento mais vanguardista do setor: a London Fashion Week.

Aspiração patriótica

A Burberry é quase um símbolo da Grã-Bretanha. Astros do cinema, membros da realeza e outras celebridades vestem a clássica capa de gabardine em eventos ou para passear com o cachorro.

Angela não apenas contrata personalidades locais para seus anúncios como também promove somente bandas britânicas em seu site Burberry Acoustic, o braço musical da empresa na web, e contrata designers formados em universidades britânicas. As ações da empresa estão entre as de melhor desempenho no índice FTSE 100.

Em março de 2011, as vendas chegaram a US$ 2,4 bilhões. Sua líder impulsionou sem descanso o desenvolvimento de novos mercados, entre eles Dubai, Índia, África do Sul, Rússia, Azerbaijão, Arábia Saudita e Estados Unidos.

Possui mais de 60 lojas na China e tem planos de atingir cem pontos de venda naquele país em futuro próximo. A Ásia é a grande aposta de Angela. A expectativa é de que a classe média alta chinesa, que compra capa de gabardine infantil a US$ 2,2 mil, aumente em seis vezes seu tamanho até 2015 (com base em 2011). A aposta da CEO é que esse seja seu maior mercado. Sua decisão de concentrar o negócio focado em três linhas de produtos, assim como a de manter a venda expressiva de roupas informais com o glamour exibido nas passarelas, foram estratégias reconhecidas pelo conselho da empresa que, em 2011, aprovou que a CEO recebesse US$ 7,85 milhões, a título de salários, bônus e participação nas receitas de vendas.

O que Angela mais cobra de si mesma? "A vida é cheia de dificuldades, mas tentamos nos divertir na Burberry apesar de tudo. Minha obrigação é energizar os oito mil funcionários, para que eles, por sua vez, transmitam essa energia aos clientes. Acredito que construímos um ambiente de energia positiva. Creio que isso resume, em grande medida, a razão de nosso sucesso", avalia Angela, que, antes que se perguntem, é casada – há mais de trinta anos – e mãe de três filhos.

Quadro 2

Uma conversa com a mais inglesa das americanas

Logo que assumiu seu posto, a CEO Angela Ahrendts estabeleceu uma nova direção estratégica para a Burberry. "Não foi complicado colocá-la em prática. O ritmo foi intenso, porque era preciso unir a equipe e estabelecer comunicação direta entre todos os membros. Nossa mensagem foi: talvez possamos mudar as coisas, inovar mais, nos aproximarmos mais do futuro. Uma das primeiras medidas que tomamos foi realizar transmissões via internet, ao vivo, para todos os funcionários, explicando nossa visão. Depois, foi preciso apenas demonstrar coerência."

Ela explica que a estratégia dos cinco pilares traçada no princípio é a mesma até hoje. Para estimular a cultura do sucesso em uma empresa centenária, que tem processos muito arraigados, foram tomadas duas decisões principais. Primeiro, a mensagem aos colaboradores foi a de que a Burberry só seria bem-sucedida se o individualismo desaparecesse ali. "Nossa contribuição deve ser manter a marca viva por mais 150 anos, colocando-a no topo."

A pergunta que cada um deveria fazer, diante de qualquer dúvida ou inquietude, era: O que é melhor para a marca? Dessa maneira, os egos se aquietaram e as pessoas se conectaram. Em segundo lugar, a comunicação foi intensamente trabalhada, não só por meio das transmissões de internet, com a criação do site Burberry World, mas foram gravados vídeos muito emocionantes com música britânica. "Com eles, compartilhávamos nossas conquistas", conta.

Eram entregues primeiramente aos departamentos, e pediam às pessoas que os dividissem com sua equipe e sua família, que se sentissem orgulhosos do que estavam ajudando a construir. "Queríamos ter uma cultura sólida, com pessoas boas, de modo a atingir um impacto que transcendesse a empresa." Segundo ela, o segredo do trabalho em equipe é dizer aos funcionários onde estão, para onde vão e de modo claro.

Angela revela que o crescimento da Burberry nas redes sociais é um pilar da estratégia corporativa. "Há quatro ou cinco anos, não tínhamos tantos recursos, e nos demos conta de que as redes sociais de internet eram um instrumento de marketing genial. Porém, como estavam apenas começando, não apresentavam bom conteúdo. Quanto mais criativos fôssemos, mais convincentes seríamos para os consumidores. Mas eles queriam conexão pessoal com a grife. Então, decidimos que Bailey seria nosso representante digital e quem falaria com eles." Em resumo, ela afirma que "o que entretém e mantém o público é a relação pessoal com a empresa e o conteúdo convincente".

Para a recuperação da marca, Angela detalha que o plano era muito simples: apenas um só preço, uma só marca e uma só visão de modo digital para transmitir a mesma mensagem a centenas de países simultaneamente.

Para isso, foi necessário recuperar cada uma das operações da rede em outros mercados. "Por aí fomos: viajamos o mundo com uma excelente equipe de executivos de desenvolvimento de negócios e com nossos advogados, para estudarmos contrato por contrato. Paralelamente, construímos uma infraestrutura interna" que nos permitiu gerir tudo a partir de Londres. Perdemos 15 licenças, mas recuperamos em torno de 12 que convertemos em uniões temporárias ou adquirimos na totalidade."

Hoje, quando muda a página inicial do site da Burberry, alteram as vitrines digitais dos 500 pontos de venda em todo o globo, cada anúncio impresso em cada revista é trocado para que os clientes vejam exatamente o mesmo em toda parte – e o consumidor do luxo viaja muito.

Enquanto a Burberry continua abrindo pontos de venda, outras empresas fazem o contrário, a fim de se concentrar no canal digital. No mercado de luxo, em que os clientes são diferentes dos outros segmentos de consumo, a Burberry obtém 60% de suas receitas por meio do turismo, e esse percentual vem de 25 mercados-chave. "Então, não se trata de abrir mais lojas em mais cidades, mas de nos agruparmos em torno desses 25 países em que a renda é alta e o turismo, forte." Essa vem sendo a estratégia da empresa durante os últimos anos.

"Nosso foco principal é desenvolver a marca, construir valor para o cliente por toda a vida. Desejamos que o público se comprometa, seja com um grande produto, com o conteúdo ou com nossos esforços filantrópicos. Não importa que comprem on-line, em nossas lojas ou na Bloomingdale's. O importante é que admirem e respeitem o que fazemos."

Um por cento da receita é destinado à Burberry Foundation de ajuda às crianças no desenvolvimento de seu potencial criativo. "Sinto que esse tipo de coisa é o que os consumidores de hoje esperam de uma grande marca."

Fazendo uma retrospectiva de sua carreira, Angela diz que trabalhou sete anos no Grupo Warnaco com Linda Wachner, CEO muito analítica. "Através de suas lentes, pude aguçar as minhas." Quando passou a atuar na Donna Karan, onde ficou por sete anos, foi "pura criatividade, aprendi a estimular outro lado". Na Liz Clairborne, trabalhou para um dos maiores líderes da atualidade, Paul Sharon, presidente da companhia. "Já havia exercitado tanto meu lado criativo como o analítico e, juntando a experiência com ele, isso fez com que, quando me convidaram para a Burberry, estivesse em condições de aproveitar todas essas capacidades. Creio que por isso pudemos fazer tudo o que foi realizado." (LORI GREENE)

A inevitável adesão à nuvem

por **Sílvio Anaz**, colaborador de HSM Management

Resiliência, ganho em escalabilidade, processamento de dados em massa (big data), redução de custo e adoção do home office são algumas das vantagens apontadas pelas empresas na adoção da computação em nuvem.

O iPlayer, da BBC, é o mais popular serviço de vídeo on-demand no Reino Unido: em um ano, forneceu 600 milhões de horas de filmes, séries e programas de TV. A procura por seu acervo cresceu muito depois que os usuários passaram a acessá-lo também em tablets e smartphones. Como o iPlayer atendeu ao estouro de demanda?

A BBC utilizou a tecnologia da "cloud computing", ou computação em nuvem, como um serviço terceirizado em que se paga apenas o que se usa. Além da resiliência, a nuvem lhe deu capacidade de previsão, já que a rede britânica soube antecipadamente quanto lhe custaria oferecer os gigantescos volumes de conteúdo aos usuários, e isso facilitou o planejamento e a execução da estratégia do iPlayer. Se operasse com servidores tradicionais dentro de casa, ela não registraria tanto êxito.

Assim como a BBC, cada vez mais empresas estão vendo a computação em nuvem como a melhor maneira de repor ou ampliar suas capacidades em tecnologia da informação (TI) sem grandes investimentos em infraestrutura e equipes operacionais, tanto que 76% das organizações têm alguma estratégia voltada para o setor, segundo pesquisa mundial realizada pela Capgemini, provedora global de serviços de consultoria, tecnologia e terceirização. As razões? Redução de custo de 25% a 30%, mais rapidez em pôr produtos no mercado, eficiência operacional e liberação de espaço nos servidores (data centers) internos.

A nuvem vem ganhando mais adeptos corporativos também por conta de fenômenos como o big

“ Cerca de 76% das empresas têm alguma estratégia voltada para a computação em nuvem, conseguindo obter algo entre 25% e 30% de redução de custo ”

data – como processar conjuntos extremamente volumosos de dados apenas em casa? –, a crescente mobilidade dos profissionais e a prática do home office, que exigem da pessoa que carregue o escritório consigo para onde quer que vá.

Isso explica por que a decisão sobre esse assunto está mudando de mãos dentro das empresas: em vez de exclusiva do departamento de TI, agora passa a ser estratégica, a cargo das unidades de negócios – conforme a pesquisa da Capgemini, estas já decidem em 45% dos casos. No entanto, apenas 56% das organizações pesquisadas afirmaram confiar em colocar seus dados em nuvem, com temores quanto a segurança, confidencialidade e propriedade intelectual, acentuados pelas recentes denúncias de espionagem na internet.

Tendências no Brasil

Como as empresas brasileiras estão se comportando em relação ao uso da nuvem? Uma das primeiras a abraçá-la, uma das maiores redes de lojas de departamentos de vestuário no Brasil, foi estudada anonimamente na tese de mestrado de Cyro Sobragi, defendida em 2012 na escola de administração da Universidade Federal do Rio Grande do Sul (UFRGS), permitindo uma visão do que vem acontecendo.

A empresa adotou o modelo híbrido: 40% de sua infraestrutura e serviços em TI foram para a nuvem pública e 60% continuaram internos, na chamada nuvem privada. Na nuvem pública, ficaram o serviço de automação da força de trabalho, o de e-mail e o sistema de gestão de projetos, e, na privada, as aplicações que exigem customização, como o ERP (Enterprise Resource Planning).

A reportagem de HSM Management procurou várias companhias que têm estratégias de nuvem, mas nenhuma quis detalhar o que vem fazendo. Segundo Paulo Marcelo, presidente da Capgemini Brasil, até grandes bancos e órgãos do setor público, naturalmente mais conservadores, já estão na nuvem pública hoje. Experiências de consultoria e um estudo realizado pela IDC Brasil, empresa especializada em tendências de tecnologia, traduzem os principais movimentos:

Crescimento em números

Segundo previsões da IDC divulgadas no início de 2015, o mercado global de cloud – incluindo pública, privada e híbrida – deve chegar a US$ 118 bilhões em 2015, superando US$ 200 bilhões em 2018. O crescimento foi de 20% em relação a 2014, quando movimentou US$ 95,8 bilhões.

60% querem adotar

A última radiografia da nuvem no País feita pela IDC Brasil, no segundo semestre de 2013, aponta um rápido amadurecimento do mercado em relação à computação em nuvem. Se em janeiro de 2010 apenas 3,5% dos CIOs entrevistados manifestaram a intenção de investir em computação em nuvem, no segundo semestre de 2013 quase 60% afirmaram ter essa intenção em 2014. Isso é menos do que os 76% da amostra mundial da pesquisa da Capgemini, mas a evolução é significativa. "A tendência é que a maioria das empresas faça algum investimento em nuvem pública ou privada, seja em infraestrutura, softwares ou plataformas", afirma Denis Arcieri, country manager da IDC Brasil.

Pequenas e médias puxam

Grande parte do crescimento tem vindo de pequenas e médias empresas, segundo Arcieri. A projeção revela uma consolidação do uso da computação em nuvem pelas organizações. Mas, como frisa Paulo Marcelo, até setores refratários quanto a essa terceirização, por causa de regulações e restrições mais severas do que as da média do mercado, já possuem atividades em nuvem pública hoje.

O uso mais comum

A pesquisa da Capgemini mostra que 83% dos entrevistados usam a nuvem para desenvolvimento e gestão de novas aplicações. As unidades de negócios veem a nuvem como plataforma ideal para que novas aplicações cheguem ao mercado o mais rápido possível, e ela de fato tem se tornado a plataforma-padrão para hospedar aplicações novas.

Aplicações estão mais sofisticadas

Antes eram colocadas na nuvem aplicações mais básicas, como o e-mail, e agora já se detecta a intenção de migrar soluções como o CRM [Customer Relationship Management] e o ERP. "Isso está claramente alinhado à pressão que os CIOs sofrem para reduzir o prazo do ciclo de implementação de uma solução nas empresas", diz Arcieri.

Analytics começa a engatinhar

Segundo a Capgemini Brasil, grande parte das empresas brasileiras realmente não possui uma estratégia clara de analytics, porque elas centram esforços nos sistemas transacionais que sustentam suas operações. No entanto, segundo Paulo Marcelo, alguns clientes já estão usando a nuvem por sua grande capacidade de processamento. "Como o refinamento das informações e o vínculo com os dados internos do negócio ainda acontecem em soluções in-house, fica irrelevante a preocupação com a segurança das informações na nuvem." Ele afirma que as empresas que estão utilizando ferramentas de analytics como orientadores de

> **A empresa que adota o serviço em nuvem deve manter especialista na área em seu quadro para conectar negócios e tecnologia**

seu negócio geralmente se mostram muito satisfeitas com os resultados alcançados.

Resistentes e defensores

As áreas menos favoráveis à migração para a nuvem são as de back office, e as mais favoráveis, as de TI e de negócios, que enxergam novas possibilidades de produtos e ofertas usando a flexibilidade e a velocidade de resultados que a nuvem proporciona. "Provavelmente, as áreas mais resistentes ainda não mediram os ganhos que a migração para a nuvem pode trazer para suas organizações", diz Paulo Marcelo.

Nuvens especializadas

Ainda não há no Brasil as nuvens especializadas em segmentos de negócio, como a escocesa LawCloud, nuvem para escritórios de advocacia, ou a Capital Markets Community Platform, nuvem do mercado de capitais, fruto de parceria entre a Bolsa de Valores de Nova York e a VMWare.

Foco em segurança

Quanto ao sigilo de dados sensíveis dos clientes finais, Paulo Marcelo lembra que o modelo de negócio para empresas é diferente dos serviços disponibilizados ao público em geral, como Dropbox ou Google Drive. "Os modelos profissionais são fortemente baseados não só em acordos de nível de serviço, mas em um sofisticado roteiro de cópias de segurança, permitindo que eventuais dados perdidos sejam rapidamente recuperados."

Excelência em casa

Se a empresa que adota o serviço em nuvem não mantém em seu quadro especialistas na área, deveria, na visão de Paulo Marcelo, para conectar negócios e tecnologia.

Quadro I

Modelo de gestão em xeque

Como a mobilidade dos profissionais requer o acesso às informações da companhia a partir de qualquer lugar, isso instiga que o modelo de gestão de pessoas relacionado com o tempo de trabalho dentro do escritório seja substituído por outro modelo, mais orientado a resultados e produtividade. "Esse é o maior desafio de gestão para o qual as empresas precisam se preparar agora, e a nuvem é um elemento fundamental dele", analisa Paulo Marcelo, presidente da Capgemini Brasil.

As áreas de back office, como as de recursos humanos, jurídica e financeira, estão puxando o cordão, porque se beneficiam diretamente da maior adoção do home office e da ampliação da capacidade de processamento das aplicações em períodos críticos, como fechamento de resultados trimestrais ou anuais, por exemplo.

Denis Arcieri, da IDC Brasil, vê dois obstáculos cruciais atualmente no País em relação à migração para a nuvem. O primeiro é a segurança. "Diferentemente de outros países, no Brasil, o CIO quer saber onde está a nuvem; ele quer visitar o data center, e é importante para ele que a nuvem não esteja longe fisicamente da sede de sua organização."

O segundo ponto é a infraestrutura de rede no Brasil. "Em alguns casos, a infraestrutura de telecomunicações é um fator inibidor à adoção da computação em nuvem." Quão maduro é o Brasil em TI? Considera-se que, quanto maior o investimento em softwares e serviços, maior é a maturidade de um mercado. Se, na média mundial, os investimentos são distribuídos meio a meio, no Brasil, ainda são 60% em hardware e 40% em software e serviços, segundo a IDC.

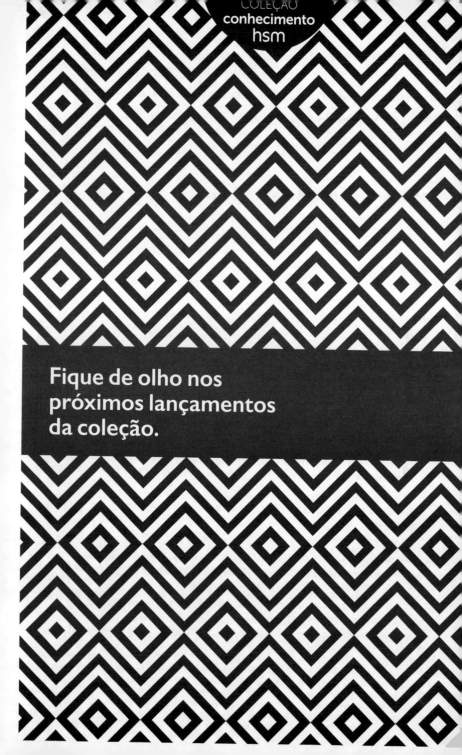

Liderança e pessoas • Estratégia e Execução • Inovação e Tecnologia • Ética • Negociação • Sustentabilidade • Marketing • Varejo • Vendas • Empreendedorismo

Conheça também outros títulos

Organizações exponenciais
de Salim Ismail com Michael S. Malone e Yuri van Geest

Nenhuma empresa poderá acompanhar o ritmo de crescimento definido pelas organizações exponenciais se não estiverem dispostas realizar algo radicalmente novo – uma nova visão da organização que seja tão tecnologicamente inteligente, adaptável e abrangente quanto o novo mundo em que vai operar – e, no final de tudo, transformar.
Os autores pesquisaram exaustivamente os padrões das empresas exponenciais mais importantes do mundo nos últimos seis anos, tais como Waze, Tesla, Airbnb, Uber, Xiaomi, Netflix, Valve, Google (Ventures), GitHub, Quirky e 60 outras empresas, incluindo empresas de sucesso, como GE, Haier, Coca Cola, Amazon, Citibank e ING Bank e entrevistaram mais de 70 líderes globais e pensadores, para trazer uma nova e ampla visão sobre as tendências organizacionais e tecnológicas essenciais, que podem ser aplicadas nas startups, empresas de médio porte e nas grandes organizações.

A magia do Design Thinking
de Jeanne Liedtka e Tim Ogilvie

Um kit de ferramentas para o crescimento rápido da sua empresa
Se você é gestor, e todos somos em alguma medida, prepare-se para arregaçar as mangas em vez de jogar as mãos para o alto. Porque o design thinking é, na verdade, uma abordagem sistemática à solução de problemas.
Começa pelos clientes e continua no sentido de criar um futuro melhor para eles, reconhecendo que, provavelmente, não vamos acertar da primeira vez. Mas o design não exige poderes sobrenaturais e é absolutamente seguro para ser testado em casa.

Crescimento lucrativo
de Ram Charan

Um guia para resolver a questão mais atual do mundo dos negócios: como ter crescimento lucrativo orgânico, diferenciado e sustentável.
Para muitos, crescimento tem a ver com uma inovação incrível ou um produto que vai revolucionar o mercado. Apesar de atraentes e lucrativas, grandes ideias não acontecem todos os dias e frequentemente aparecem em ciclos.
Ram Charan defende que o conjunto de ações que garantem pequenas conquistas diárias e adaptações às mudanças no mercado constrói a base para o crescimento representativo. Assim, o impacto das mudanças incrementais é enorme. Longe de ser um exercício teórico, este livro inovador traz, ainda, a ideia de que todos devem estar envolvidos na agenda de crescimento da empresa.

Persuasão & Influência
Robert B. Cialdini, Steve J. Martin e Noah J. Goldstein

Em algum momento do dia você vai precisar influenciar alguém – seu gestor, seu colega de trabalho, um cliente, o(a) companheiro(a) ou até mesmo seus filhos. Num mundo em que o tempo é curto, há uma questão crucial: Qual é a menor mudança que você pode fazer para aumentar suas chances de sucesso?

No livro *Persuasão & Influência*, três grandes nomes da persuasão apresentam o conceito de SMALL BIG: pequenas mudanças que podem alavancar a capacidade de influenciar pessoas e gerar grandes resultados. Organizado em mais de 50 insights inspiradores, este é um guia indispensável para aqueles que querem mudar o comportamento em relação aos outros de maneira eficiente e ética.

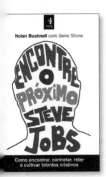

Encontre o Próximo Steve Jobs
Nolan Bushnell com Gene Stone

Visionário e revolucionário, Nolan Bushnell fundou a inovadora empresa de games Atari, a cadeia de restaurantes Chuck E. Cheese e mais de vinte outras empresas. Ele também lançou a carreira de Steve Jobs e de muitos outros criativos brilhantes nas cinco décadas que passou atuando no setor.

O mundo dos negócios está mudando mais rápido do que nunca e as empresas enfrentam novas complicações e dificuldades a cada dia. O único jeito de lidar com essa situação é montar uma equipe com pessoas incrivelmente criativas que vivem tanto no futuro quanto no presente, que adoram ser diferentes e são capazes de ter ideias que bancam o sucesso da sua empresa enquanto as outras empresas fracassam. Neste livro, Bushnell explica como encontrar, contratar, reter e cultivar as pessoas capazes transformar a sua empresa na próxima Atari ou na próxima Apple.

Capitalismo Consciente
de John Mackey e Raj Sisodia

O que empresas como Google, Southwest Airlines, Whole Foods Market, Patagonia e UPS tem em comum? Todas elas incorporam em sua gestão alguns aspectos construtivos e promissores do capitalismo, atuando de maneira a criar valor não só para si mesmas, mas também para seus clientes, funcionários, fornecedores, investidores, a comunidade e o meio ambiente.

Criadores do movimento do Capitalismo Consciente, os autores explicam como algumas empresas aplicam os princípios deste movimento inovador na construção de estruturas sólidas e lucrativas.

O livro oferece uma defesa ardorosa e uma redefinição consistente do capitalismo de livre-iniciativa, em uma análise valiosa tanto para os profissionais como para as empresas que apostam em um futuro mais cooperativo e mais humano.